ぼくの
大林宣彦
クロニクル

光文社

ぼくの大林宣彦クロニクル

森泉岳土

目次

イラスト＝森泉岳土
カバー写真＝大林千茱萸
（尾道・ポンポン岩の大林宣彦監督と著者）
装幀・本文デザイン＝川名潤

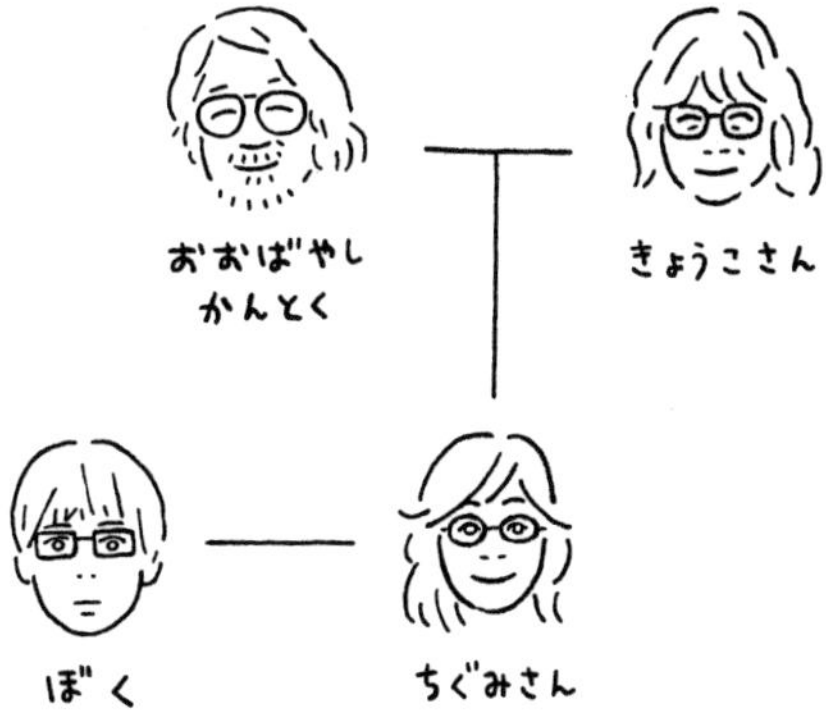
おおばやし
かんとく
きょうこさん
ぼく
ちぐみさん

結婚の挨拶／ナバホ・ダディ／父と息子

どんな人にも「人生でもっとも緊張した瞬間」というものはあると思う。僕が人生でもっとも緊張したのは、妻の両親に結婚の挨拶《あいさつ》に行ったときだ。しかもその親が大林宣彦《おおばやしのぶひこ》監督ご夫妻だったらどうだろう。そりゃあ足くらい震えるだろう。

その日は朝から緊張して、滅多につけない整髪料で髪型をととのえ、いつもよりすこしいい服を着て、千茱萸《ちぐみ》さんに——というのが大林監督と恭子《きょうこ》夫人のひとり娘の名前です——頭のてっぺんからつま先までチェックしてもらい、ふたりで小田急《おだきゅう》線に乗って成城学園前《せいじょうがくえんまえ》駅まで出向いた。駅前の風月堂《ふうげつどう》で和菓子を買い、千茱萸さんとてくてくと汗をかきながらご自宅まで歩いていったのを覚えている。

大林監督ご夫妻とは何度もいっしょに食事をしているし、尾道《おのみち》にある大林監督の別荘に招かれて大林一家と僕の4人で休暇を過ごしたこともある。コンサートや観劇に誘われることもしょっちゅうだったし、監督も恭子さんも僕のことを「森《もり》ちゃん」と親しみをこめて呼んでくれ、すでに家族のように接してくれていた。

それでも結婚の挨拶となると心臓が破裂しそうな思いだった。

なにしろ結婚の挨拶なんてしたこともなかったし、幸いなことにその後も機会がなくてよく分かっていないのだが、僕が千茱萸さんに「あらかじめ結婚の挨拶に行くことをご両親に伝えておいてほしい」とお願いしたところなぜか却下され、これから顔をあわせる大林監督夫妻は僕たちが結婚の挨拶に来るということを知らないのである。いや、それどころか、僕たちが結婚すると決めたことさえも知らないわけで、それはまあ緊張しますでしょう。ていうか、そういうものなんですか、結婚の挨拶って。いまだによく分からない。

大林家の玄関のチャイムを鳴らし、入口のドアを開けると階段になっている。そんな家は見たことがなかったのではじめておじゃましたときは目を丸くしたものだ。玄関には靴を脱ぐ広い三和土《たたき》があり、あとは上へ行く階段と、下へ行く階段があるのみ。

リビングルームは中2階だ。

千茱萸さんに導かれて階段を上ってドキドキしながらリビングルームに足を踏み入れると、大林監督と恭子さんが大きいダイニングテーブルで食事をしていた。

テレビなどでにこにこ微笑《ほほえ》んでいる大林監督をご覧になったことがあるかたも多いと思うが、びっくりするほど普段からそのままである。優しくて穏やかな人柄で、それはどこに行こうが誰といようが、ずっと変わることはなかった。

「やあ、森ちゃん、いらっしゃい」

大林監督はいつもどおりにこにこと微笑んで、温かく大きな手で包みこむように握手をしてくれた。監督は会う人みんな平等に握手をした。大林監督の手はそれだけでひとつの生命かのように大きく厚く、温かい。

「ちょっと遅いランチなの。森ちゃんも食べる?」

恭子さんが午後の光に輝くペペロンチーノを勧めてくれる。午後3時だ。お茶の時間をねらったつもりが、まさかランチを食べているとは思わなかった。和菓子にお茶でご挨拶——のつもりが、しょっぱなから計算が狂ってしまった。しかし仕方がない。おふたりはまさか僕たちが結婚の報告に来たなんて思ってもいないのだから。

「あ、はい。ありがとうございます、いただきます」

僕は冷や汗をかきながらなんとか返答して、ランチを食べてきたにもかかわらず、恭子さんのペペロンチーノをいただいた。

「美味《おい》しいですね」

もちろん美味しいは美味しいのだが、気が気じゃない。

「森ちゃん、これも食べる？」

大林監督がサラダの皿を取ってくれる。監督は普段からいつもそういう気づかいをしてくれる。

「トマトの味が濃いですね！」

「ね。ドレッシングいらないんだ」

「お皿もかわいいですし！」

「パリの蚤《のみ》の市で手に入れたんだ。もう何十年もまえになるなあ」

何気ない会話はその後もつづき、切り出すタイミングがつかめない。けっこうなボリュームでテレビもついている。千茱萸さんが「じつは……」と言い出してくれないかと思いちらちら目の端で確認するのだが、動く気配はない。気配はないのだが千茱萸さんも緊張しているのが分かる。汗が止まらない。僕のほうもだんだん会話の相槌《あいづち》に身が入らなくなってくる。気持ちとしては「徐行」と「立ち往生」のあいだくらいである。

食事を終えてひと息つき、僕はなんとか隙《すき》をついて結婚の挨拶の口火を切った――はずなのだ。

はずなのだ、というのはそのあたりの記憶がすっぽり抜けているからだ。まったく覚えていない。気持ちいいくらいなにもだ。次に記憶にあるのは、

「お祝いにワインでも開けよう」

と大林監督が提案してくれたことだ。

なんとなくみんなすこし緊張していた気がする。千茱萸さんもほっとした顔をしていた。そして白ワインを開け、4人で乾杯をした。にこやかな時間だったと思う。僕はあまりお酒に強くはないのだけど何杯か飲んだ。だいぶ酔っていたのだろう、気がついたとき僕は鞍《くら》を背負っていた。

なにを言ってると思われるかもしれないが、ほんとうのことだから仕方ない。

鞍というのはもちろん乗馬に使う、あの馬の鞍である。あなたは人生で「鞍」を運んだことがありますか。僕はその日はじめて運びました。

大林家の玄関から下につづく階段を下りると地下に部屋がひとつある。壁をぐるりとかこむ天井までの本棚があり、大林監督が読んだ本が一分《いちぶ》の隙もなく並べられている。その部屋の中央に、違和感があるほど大きな革でできた鞍があった。その鞍を上まで運んでほしい、というのが大林監督からの依頼だ。鞍には大きく「NAVAJO DADDY」と刻印されている。

ナバホ・ダディ。

「ネイティブ・アメリカンの村に行ったときおまえは仲間だって受け入れられてね、そのときにNAVAJO DADDYって名前をもらったんだよ」といういっしょに下りてきてくれた大林監督の突然の話に頭を混乱させつつも（ネイティブ・アメリカンの村に仲間だと受け入れられた……？　え、どういうこと……？）、なんとか鞍を持ち上げようと試みるが、酔いもあってかどうしても持ち上がらない。重さはさておき、やたら持ちづらいのだ。

「そこの出っ張ったところを持って背中にかつぐんだよ」

ナバホ・ダディがかつぎかたを教えてくれ、なんとか鞍を背負い、よろよろと階段を上った。ふと、ひょっとしたらこれは結婚を認めるか認めないかテストする通過儀礼みたいなものでは――という考えが頭をよぎった。

汝《なんじ》、父の鞍をかつぎ歩むべし。

まさか。

念のため訊《き》いてみると明日の取材で使うため事務所に持っていきたいということで、どうやらそのような試練ではないようだった。車のトランクまで運びいれ、それからもうすこしみんなでワインを飲んだ。


いよいよお暇《いとま》するときも、大林監督は温かい大きな手で握手をしてくれ、恭子さんとはハグをした。ハグも大林一家の愛情表現だ。大林一家は、握手やお辞儀とおなじような感覚でみんなにハグをする。そんな日本人離れした習慣を持っている人もはじめてだったので、はじめてハグしたときはすこし緊張したものだ。以前、大林監督は「尾道の人間はイタリア人なんだよね」とおっしゃっていたが、そういうことなのかもしれない。それとも冗談だったのかもしれない。分からない。大林監督はそういう本気なのかとぼけているのか分からないことをよく口にした。

そして大林監督の自宅を失礼するにあたり、玄関にあった折りたたみ式の台車をお借りした。引っ越しのために必要だったのだが、結婚の挨拶をした帰りに台車を借りるというのも厚かましい話だったかもしれないといまなら思うが、もちろん監督夫妻はにこにこ微笑んで僕たちを送り出してくれた。そして駅までの長い上り坂を、僕と千葉茰さんは台車をごろごろ押して帰った。

千葉茰さんと結婚しようということになった2009年、僕は無職同然だった。それまで大学を卒業してから10年ほどこつこつと会社員として働いていたのだが、あるとき「絵で食べていきたい」と思って勢いよく会社を辞めてしまい、まあ、当然絵で食べていくことなどできず、通帳の残高とにらめっこしながら持ちこみ用のマンガを描いたり、友人の伝手《つて》でアルバイトをしたりという日々を送っていたのだ。監督たちも僕のそんな状況を知っていたはずなのだが、とくに「将来どうするつもりなんだ」みたいな詰問《きつもん》もなかった。ただ「おめでとう」である。これはもちろん僕が信頼されていたというよりは、千葉茰さんがご両親から信頼されていたということだろう。

大林一家は、僕から見ると、やはりちょっと特別な家族な気がする。

それははじめて千葉茰さんと会ったときから感じていたことだ。なにしろ千葉茰さんは自分の父親のことを「お父さん」ではなく「監督」と呼ぶのだ。そして母親のことを「恭子さん」と呼ぶ。親子ではあるのだが三者三様に対等で、そのおたがいを尊重する関係は千茱萸さんが幼いころから変わらなかったようだ。

千茱萸さんは小学校を4年生のときに自らの意志で中退している。図工の時間に馬の絵を正面から描いたところ先生にバツをつけられたのだそうだ。

「馬を描くときはふつうは左右のどちらかに頭が来て、もう片方にしっぽがあるように描くものです」

図工の先生のそのことばを聞いて千茱萸さんは「ふつうってなんだ!」と怒った。当然のことだ。しかも話を聞くと先生は馬に乗ったことがない。千茱萸さんはある。馬に乗ったこともない人がなにを言っているのだ。

「馬はこっちにやって来るものなんだ!」

というのが千茱萸さんの主張だった。だから正面から見た馬の絵を描いた、それがバツとはどういうことか。馬はこっちにやって来るものだという体験にもとづく素直な感性は、じつにじつに感動的だ。

千茱萸さんはめぐりめぐって校長あてに抗議をしたが、まともな答えが返ってこない。ほかにもいろいろあったらしいが、とにもかくにも千茱萸さんは小学校をやめる決心をした。こんな学校は通っても意味がない、と。それを聞いた監督はこう言った。

「あなたが後悔しないのならおやめなさい」

小学4年生に後悔するかしないかを判断させる父親もすごいが、千茱萸さんも一度決心したら初志貫徹、てこでも動かない。この親にしてこの子ありだ。そして大林監督も幼いひとり娘のその決断をまるごと受け入れた。

小学校をやめた千茱萸さんはそれから毎日映画を観て過ごしたそうだ。まさに大林監督が常日ごろから主張していたとおり「映画は学校」をそのままに生きているわけだが、それを許容できた監督と恭子さんもすごいと思う。9歳の娘をひとりの人格として尊重して信じていたからこその判断だ。

もっともこの話にはオチがあって、歴史も映画で学んだものだから千茱萸さんは「ベトナム戦争はジョン・ウェインの映画のためのフィクションだ」と長らく信じていたらしい。そういった事実誤認もありつつも、じつにうらやましい幼少期だなあと僕なんかは思ってしまう。

僕は疑いもなく「小学校には行くものだ」と頭から信じていたし、「やめたい」なんて発想そのものが自分のなかから出てこなかった。やはり千茱萸さんにとって、自分を主張してもいいんだという環境があったのだろう。ご両親の教育の、あるいは哲学のたまものだ。

そんな親子でありながらフェアな関係だったからこそ、千茱萸さんが結婚したいと言うのだったら、それは千茱萸さんが決めたことだから尊重しましょう、めでたいことだと思ってくれたのだろう。僕自身もそのころにはすでに大林監督夫妻のことを実の両親のように思っていたので、結婚をすんなりと受け入れてくれたことは素直にうれしかったし、やはり感動的なことだった。

そうやって畏《おそ》れ多くも、大林監督は僕の父親となったわけだ。

それでも千茱萸さんが父親を「監督」と呼ぶように、僕もおなじく大林監督のことは「お父さん」ではなく「監督」と呼んだ。大林監督も僕のことをずっと「森ちゃん」と呼びつづけてくれた。そのあたりはちょっとくすぐったさがあった。

とはいえ、ひとつ、とても鮮明に覚えていることがある。

大林監督の講演に同行して地方に行ったときのことだ。会場を出て監督とふたりで歩いていると、廊下ですれちがった年配の男性が「あれ、大林監督ですか?」と監督に声をかけてきた。大林監督はいつもどおりにこにこと微笑んで「ええ、そうです」と応じた。

「こんなところでお会いできるなんて！　ファンなんです！」

「ありがとうございます」

こういったことはよくあった。

するとその男性は僕を指さして大林監督にこう訊いた。

「息子さんですか？」

「ええ、息子です」

大林監督は即答した。

僕はハッと息が止まる思いがした。おそらくはじめて声に出して「息子です」と言ってくれたのがこのときだった。その後も声に出して「父です」「息子です」と言うことはなくもなかったが、それでもそう多くはなかった。なのでこのときの監督の即答を思い出すと、僕はうれしくて胸がじんわりとする。

そしてこの話にもオチがある。その男性は間髪を容《い》れずにこう言ったのだ。

「どうりでそっくり！」

血がつながってるわけじゃないのにいいかげんだなあ。僕も監督もそれを聞いてふたりして思わず笑ってしまったのだが、このときの記憶は温かくこころを和《なご》ます一瞬の色彩として、僕のなかで特別な色を放ってのこっている。そのいいかげんな男性に感謝だ。

そうそう——、どうして僕がそのとき大林監督の講演に同行していたかというと、結婚直後、たまたま大林監督の事務所であるＰＳＣに勤めていた女性が出産を機に退職したいという希望があって、当時時間ばかりたくさんあった僕はそのあとを継いで事務所のスタッフとして勤めることになったからだ。結局、５年ほどその職に就かせてもらった。

これもまた幸運なできごとだった。

というのもそのあいだ、僕は毎日の生活のほとんどを大林監督と過ごすことができたからだ。週に５日ＰＳＣで大林監督に会い、先のとおり講演先の地方へ同行して何日もいっしょに過ごすこともよくあった。映画の撮影現場では制作として関わらせてもらい、映画の台本や本編のための絵を描かせてもらうこともあった。大林監督の作品にマンガ家あるいはイラストレーターとして参加できたことは夢のような体験だ。ＡＫＢ48のプロモーションビデオを監督した際には、クレジットはされていないが脚本でも参加した。表現者の卵としてこんな恵まれた環境はないだろう。僕はいつも大林監督の背中を見て、表現者としての哲学や覚悟を学ばせてもらった。

そういった意味でも、僕は大林宣彦監督の息子というだけではなく、大林監督の影響を受けた「大林チルドレン」のひとりでもある。そう思っている。

大林監督からはそれ以来晩年までたくさんのお話をうかがった。

これまたテレビや講演などでご存じのかたも多いかと思うが、大林監督は生来のエンターテイナーで、お話がカリスマ的にお上手だった。インタビューに来たかたが感動のあまり涙を流しながら帰ったということもしばしばだったし、ある新聞社のかたは大林監督の話を聞いたあとに「やっぱりわたしの新聞社はまちがっている。辞めることにします」と新聞社を去ろうとしたこともあった。ご本人は大林監督の日本の未来を憂慮する立場にひどく共感しているのだが、勤めている新聞社のスタンスとは食いちがいがあり、そのあたりをずっと悩まれていたようだった（大林監督は『あなたみたいな人がそこにいてくれることに意味があるんですよ』と慰留されていた）。

かと思うと「この映画の監督って誰でしたっけ？」と誰かが訊くと、

「2度あることは3度ある。4度ある。ゴダール」

——のようなダジャレを繰り出し、その場にいる者たちをよろこばせる。

その類《たぐ》いまれなる話術は家族に対しても変わらず、バックヤードはなかった。むしろ家族や気の置けない友人たちといるときのほうがダジャレやユーモアやサービス精神が炸裂《さくれつ》していた気がする。

結婚する何年かまえ、大林監督のご自宅でのパーティに招かれたことがある。

僕はそのとき8ミリキャメラのような形をした珍しいデジカメを持っていて、大林監督がそれを見つけて8ミリさながら動画を撮りはじめたのだ。

「面白いねえ！　次回作はこれで撮ろう！」

「ハエの主観で撮れるね！　ぶ――――ん！　ぴしゃ！」

大林監督はそう言いながら、ワイングラスや器のあいだを縫うようにデジカメを移動させ、ハエに見立てたデジカメをたたく真似《まね》をした。

「面白いなあ！　うん！」

「ズームはどうやるの？」

「おれはいま新作を撮ってるぞぉ」

なんと、大林宣彦監督が僕のデジカメで「新作」を撮っている！

大事件じゃないか！

興奮してふと千茱萸さんを見ると、ほかの人とのおしゃべりに夢中でぜんぜんこちらを見ていない。家族ではきっとよくあることなんだろう。ほかのみんなもそれぞれの相手と会話に花を咲かせていた。大林監督はそれでも話をつづけ、

「このキャメラだったらキャッチボールみたく投げあって、ボール視点の映画が撮れるね。鉄棒にぶら下がったり、ぜんぶキャメラが体験できるじゃない。むかしは巨大なキャメラじゃないと映画が撮れなくて、8ミリが出てきたときに、これならおれにも黒澤明《くろさわあきら》にも撮れない映画が撮れるぞって思ったんだ。それでみんなで8ミリキャメラ持って木にのぼってね……」

そうやって大林監督は8ミリキャメラで個人映画を撮っていたころの物語を聞かせてくれた。

話を聞いているのはとなりに座っている僕だけだ。まったく僕だけのためにその映画史にのこるような話をしてくれている。そんな貴重な話をたったひとりで聞いていいものかと興奮しつつも、やはりすこし緊張もした。表現者の末席に身を置く自分としては、大林監督の口から語られる物語を細大漏らさず自分のものにしないといけない――。そういった切迫した思いがあった。なにしろお話の随所に大林監督の創作者としての理念が垣間見えるのだ。

大林監督といっしょにいるとときおりそういった緊張感があった。「僕はいま、も

のすごい巨人と向かいあっているんだぞ」といったような。
しかしそういった緊張感はとても心地よいものだった。
もちろんそう、結婚の挨拶をすることにくらべれば、ぜんぜん。

森ちゃんはマンガ家／足し算／アリガトウ

尾道に大林宣彦監督の別荘がある。

海沿いの長い坂を上っていくと山の中腹にM字型の屋根が見えてくる。ロッジ風の、おもむきのあるたたずまいだ。屋根のうえにわずかにのぞく2階部分の窓がアーモンド型でめずらしい。海に面して大きなベランダがあり、出入りはすべてそのベランダからおこなわれる。はじめて訪れたときはびっくりしたが、玄関がないのだ。そしてその木造の建物に入ると、いちばんはじめに目につくのが正面にそびえる鋼鉄製の巨大な螺旋《らせん》階段だ。

「400キロあるの。運ぶのたいへんだったのよ」

大林監督夫人の恭子さんがそう教えてくれた。

どうして恭子さんがそんなことを知っているのかというと、この別荘の設計をしたのが恭子さんだからだ。さすがに図面を引いたわけではない。しかし完成イメージと要望はすべて恭子さんの希望どおりにつくられている。

妻の千茱萸さんとよく休暇を過ごしたり、ときに大林監督夫妻とも何日も過ごさせてもらったりとけっこうたびたびその居心地のいい別荘を使わせてもらっているが、そのあいだなによりずっと気になっていたのは、じつは玄関がないことでも鋼鉄製の螺旋階段でも、あるいは30組はあろうスリッパの数でもなく（どれだけ人が来るのだろう）、壁に飾られた一枚の絵だ。

その絵はこの別荘から海を望んだ風景なのだが、とても味わいのあるすばらしい点描画なのだ。空はとことん青く、はさみで切り抜かれたようなくっきりとした白い雲が躍動していて、描かれた景色に風や時間の流れが見える。季節は夏だ。その技術の高さとは裏腹に、画材はそこにあったから使いましたというような、おそらくは子供用のサインペンと紙で、僕は訪れるたびに「弘法《こうぼう》筆を選ばずってほんとうだな」と感心していた。きっと監督のご友人の画家かイラストレーターが投宿していたときに描いた作品なんだろうと思っていたら、あるときそれが大林監督の筆であると分かり、僕は腰を抜かすほどびっくりした。

大林監督は、絵も、うまい！

どうしてそんなに絵がうまいんですかと問い詰めるように話を聞いてみると、大林監督はこともなげに「子供のころ手塚治虫《てづかおさむ》さんにあこがれてマンガ家を目指していたんだよ」と言う。

実際子供のころマンガ雑誌にイラストも投稿していて、何度も入選していたそうだ。ところが自分よりも毎回かならず一等上の賞を取る人がいる。どうやら同年代だ。いくら競いあっても勝てない。とうとうそのライバルは手塚さんに呼ばれて東京に行ったらしいと知り、大林少年は筆を折った。おれは呼ばれなかった、あの男にはかなわないのだ、と。

その相手が石ノ森章太郎《いしのもりしょうたろう》さんだった。

ときは流れ大林少年はやがて映画監督となり、ついになにかのパーティで石ノ森さんとはじめて顔をあわすことになる。そのとき石ノ森さんは大林監督にこう言った。

「僕は映画監督になりたかったんですよ」

大林監督は笑ってすかさずこう返答した。

「あんた、おれより絵がうまいからですよ！」

だから手塚さんに呼ばれてマンガ家への道を進めたんです、おれとちがって――

なるほどそうか、大林監督みたいなスーパーマンのように見える人にも挫折があったのかと僕なんかは目からうろこで思わず感心してしまって、実際大林監督にそう言ってみたことがある。

「大林監督にも挫折があったんですね」

「それくらいの挫折ならたくさんあるよ」

やはりそう言って笑うのだった。


いっぽうで実は大林監督は、そんなあこがれのお兄さんであった手塚治虫さんと懇意にされていた。商業映画デビュー作『HOUSE／ハウス』につづく監督作の2作目が『瞳の中の訪問者』という、手塚さんの『ブラック・ジャック』の一篇を原作にした映画だったのだ。

もともと商業映画は『HOUSE』一本きりで引退して本業だったCM監督にもどる予定だったのだが、手塚さんが原作の依頼だったので「それじゃあおれがやるしかないだろう」と引き受けたのだ。ほんとうは渡米して撮影する予定だったCMを延期してまで取り組んだのだから、実際のところ思い入れも強かったのだと思う。そのCMの主演はカーク・ダグラスだったので、つまり「カーク・ダグラスを待たせた」というわけだ。すごいことをする。

しかし満員御礼の大ヒットだった『HOUSE』に比べて本作の興行はあまり芳《かんば》しくなかったらしく、引っこみがつかなくなり、もう一本、もう一本と映画を撮りつづけることになり、結局本業が映画監督となってしまったというのがことの次第だそうだ。そういった意味ではその後の大林映画が存在したのは手塚さんのお導きだったのかもしれない。そんな気もするのだ。

手塚さんのご一家とはその後も交流はつづいていたようだが（『ドン・ドラキュラ』には大林ノブヒコくんというキャラクターまで出てくる）、とくに千茱萸さんは手塚さんのご子息・眞《まこと》さんと小さいころから仲良くしてもらっていて、仲間といっしょに手塚さんのご自宅によく遊びに行っていたそうだ。

手塚さんといえばあのベレー帽である。家でもかならずベレー帽をかぶっている手塚さんの（それもなかなかすごい話だ）、あのベレー帽の下を見てみたい。千茱萸さんたち子供連中はそう思い、いたずらを企《たくら》んだ。手塚さんが風呂に入っているあいだに脱衣所からベレー帽を取って隠してしまったのだ。さあどんな姿で脱衣所から出てくるのだろうと廊下で見守っていると、なんと手塚さんはベレー帽をかぶって出てきた。こんなこともあろうかと脱衣所のどこかにベレー帽をもうひとつ用意しておいてあったのだ。千茱萸さんたちの完敗である。

そんなこんなで大林監督の娘婿がマンガ家というのも（僕のことです）、なにかの縁な気がする。

もっともマンガ家といっても僕の場合すこし特殊で、絵の描きかたがちょっとだけ変わっている。まず描線《びょうせん》を水で描く。そこに墨を落とすと、水のなかを墨がパーッと走っていくのだ。細かいところはそこから爪楊枝《つまようじ》や割り箸などを使って墨を伸ばして描いていく。ほんとうはもうすこし複雑なのだが、シンプルに説明するとざっとこんな感じだ。

なぜ水で描くかというと、いちばんの理由は「コントロールがきかない」からである。それゆえに自分の意図や限界を超えた線が引けるのだ。そして訪れた偶然やアクシデントを取りこむことによって、自分自身よりもすこし大きな作品を描くことができるのだと思っている。そしてなにより描いていて楽しい。これに勝るよろこびはない。

そういった意味では大林監督とは意見があった。

大林監督の映画でいえば、たとえば大雨が降ってしまい撮影にならない――というときこそ、大林監督は「天の恵みだ！」と大よろこびして撮影をした。『ふたり』で柴山智加《しばやまともか》さんが唐傘をさして階段を上っていく大雨のシーンなどがまさにそうだし、『さびしんぼう』の雪のシーンもシナリオにはなかったが映画にさっと取りこんだ。映画においては天候こそがコントロールがきかないことの筆頭だろう。

あるときなど撮影中に偶然葬列に出くわし、監督が撮影しながら追いかけていってしまいスタッフが「監督が消えた！」と騒動になったことまであったそうだ。これは『時をかける少女』のエピソードだ。しかしそれくらい、大林監督は偶然というものに重きを置いていた。そして偶然が身に降りかかったときの受け入れかたは素早く、懐が深かった。

そういったことを大林監督は「上の人たちが見守っててくれる」といった表現でよく話していた。そういった「上の人たち」の思いや采配をうまくキャッチすることで、作品が自分ひとりの力を超えたものになるのだという確信があるようだった。

「上の人」と言うとき大林監督はかならず真上を、天を、あの大きな手の人差し指でさして示した。まるでそこに誰かいるかのように。その指さすジェスチャーが、僕はとても好きだった。


映画の製作に入るとかならず撮影台本の表紙に絵を描いてとたのまれたのも、絵描き冥利《みょうり》に尽きるよろこびだった。

とはいえこれは実際のところ、依頼されたというより「描く機会を与えてもらった」といったほうが正確だと思う。大林監督はよく「お願いする」というかたちで実地で勉強させてくれる機会を与えてくれたのだ。そういったときの大林監督は教育者の顔をしていた。僕だけでなく、多くの人が監督からの「お願い」で勉強させてもらい、持っている以上の力を引き出してもらったと思う。仮にたとえそのときにその人が期待にじゅうぶん応えられなかったとしても、そばにいるかぎり何度でも辛抱強く機会を与えた。

「すごいよね、あの辛抱強さ」と千茱萸さんに言うと「しつこいんだよね！」と眉をひそめるので思わず笑ってしまったが、まあ、これは娘じゃないと言えないかもしれない。こと作品づくりになるとたしかに監督はよく粘った。

空を覆うB29爆撃機の編隊を描いてほしいと大林監督にたのまれたことがある。『この空の花──長岡《ながおか》花火物語』での話だ。要望どおりに描いたのだが「もっとたくさん」と言う。もっとたくさん描くと今度は「B29は燃えている町に照らされて、下腹部のところは光っているんだ」と言う。もちろんその都度描きなおしたり修正を入れた。大林監督もそうやって手を動かしたり目で見て確認しながら粘って推敲《すいこう》するところもあって、そんなところは僕と似ているかもと思ったりもした。

『花筺／HANAGATAMI』では原爆のきのこ雲を描いた。これはたのまれたはいいがいままでの僕の執筆方法ではきのこ雲の絶望的な迫力が出ないのでタッチを模索し、描きかたを新たに発明した。しかし命がけで作品をつくっている大林監督を見ていると、それくらいして当然だという気持ちになるのだ。

講演のお手伝いで北海道の芦別《あしべつ》にごいっしょしたことがある。少子化のため廃校が決まった小学校があり、そこで最後の講演をたのまれたのだ。

講演終了後、大林監督夫妻と千茱萸さんと僕の4人で、5年生の教室で生徒といっしょに給食を食べることになっていた。てっきりその4人で班をつくるのかと思っていたら、銘々が別の班に派遣されるという。思いがけぬ事態に冷や汗をかきながら着席すると、食べはじめるまえにまず大林監督が挨拶をすることになった。

「僕のことは知ってるよね、さっきお話ししたものね。だからほかのみんなを紹介します。こちらにいるのは恭子さん。僕の妻です」

「ひゅ――――！」

みたいな歓声が教室を包んだ。お、おお、これが小学生か……と内心うろたえていると、千茱萸さんの紹介のあとに僕の紹介となった。

「森ちゃんは千茱萸さんの旦那さんで、マンガ家です」

ざわ……と教室が揺れた。

あ、まずいぞと思った。

マンガ家といえばどうなんだろう、いまでも小学生のあこがれる職業のひとつなのかもしれない。少なくとも僕が小学生のころは多くの同級生がマンガ家にあこがれていた。僕もそのうちのひとりだった。

ただ、小学生の僕がイメージしていたマンガ家はたとえば藤子《ふじこ》不二雄《ふじお》さんのようなかたで、少なくとも「水で描くんです」みたいなよく分からないことを言う人のことではなかった。いまの子供たちもそのあたりの認識に変わりないだろう。申し訳ないけど、僕はみんなが考えているようなマンガ家ではないんですと立ち上がって説明したかったが、グッと我慢して笑顔をキープしていた。しかし驚いたのはそれからだ。つづいて大林監督がこう言ったのだ。

「森ちゃんが、あとでみんなに絵を描いてあげるからね！」

わっと教室が沸いた。「沸く」ってこういうことかというくらい沸いた。みんな笑顔だ。教室中の子供たちの歯がぜんぶ見えていたと思う。教壇に着席していた先生がやおら立ち上がり、黒板に大きな模造紙を張りはじめたので僕はあわてた。

「あ、先生、せめて、あの、ノートかなんかでいいんで……」

「いいえ、せっかくですから！」

「いただきます！」

そんな風にして給食がはじまった。

まったく味がしなかった。

もちろん分かっている。大林監督は持ちまえの教育者精神を発揮して、僕がいいところを見せられるよう機会をくれたのだ。あとはもう僕がどうするかにかかっている。

ボールは僕の手にあるわけだが、もういかんともしがたいほど混乱していた。

なにしろその当時、僕は雑誌にぽつぽつマンガが載りはじめたばかりでまったくと言っていいほど認知もされていなかったし（それはいまもさほど変わらない）、当然子供が知っている人気キャラクターを描いているわけでもない。ましてや僕のスタイルは「水で描いて墨を落として」である。道具も持っていないし、あったとしても黒板の模造紙ではそのタッチは出ない。友人の全国的に有名なマンガ家さんでさえ「ピカチュウとルフィは描けるようにしてるんです」と言っていたのに、どうして僕は練習しておかなかったのだと後悔しても時すでに遅し。遠くに座っている千茱萸さんに助けてと合図を送ったが（こんなことばかりだ）、千茱萸さんも自分のことで精いっぱいのようだ。

ほかになにが描けるだろう？　僕が描けるキャラクターといったら……鬼太郎《きたろう》かパーマンか、ほんとうにたまたまだがブラック・ジャックくらいである（大好きでよく模写をしていた）。だけどいまの小学生にはピンとこないだろう。

しかし絞ればアイデアは浮かぶもので、ハッと思いついた。

……似顔絵だ！

その瞬間泣きそうなくらいほっとした。なにをやるか決まれば、あとはたいへんでもやるだけである。最悪なのはなにをすればいいのかさえ分からないということなのだ。少なくともその状況は脱した。

そこで僕は正面に座っていた子の顔をさりげなく観察して、給食が終わったタイミングで「では似顔絵を描きます！　誰か描いてもらいたい人はいるかな？　いない？　いない？　いないかあ……じゃあきみ、立ってくれるかな？」と無理やり誘導して似顔絵を描いた。

これはうけた。

そんな調子で3人くらいの似顔絵を描いて、無事大拍手でお開きとなった。大林監督もにこにこされていた。僕は安堵《あんど》で胸をなでおろした。

まあ、なんというか、とはいえ、そのあとみんなで歓談しているときにひとりの女子児童がAKB48の下敷きを手に「この人を描いて」とお願いしてきたのでがんばって描いたがこれ以上ないそっけなさで「似てないね」と言われたというコンパクトな悲劇はあったが（ううう、ごめんよ）、それはまた別の話である。

このように大林監督といっしょにいるとなにかと刺激的だ（やわらかい表現）。

そんななか、先の『花筐』ではポスタービジュアルまで描かせてもらったので、これはもうほんとうに感無量だった。なにしろ大林監督作品のイラストポスターといったら和田誠《わだまこと》さん、安西水丸《あんざいみずまる》さん、野口久光《のぐちひさみつ》さんと、ものすごいお歴々がいらっしゃるからだ。

とくに和田さんと安西さんは絵本や挿絵で子供のころから知っているあこがれのスター・イラストレーターだ。

「たぶん僕、おふたりにはすごい影響受けてると思います。ああいった『引き算』の絵ってたまらなく好きなんですよね」

そんな話を大林監督にすると、監督はそうだろうねえといった風情でうなずいた。

「和田さんも安西さんも、おれからすると都会的だなあって思うんだよね。『引き算』って都会的なんだ。おれは田舎《いなか》の人間だから、お客がうちに来るとするでしょう。そうすると『これも食べなさい、これもありますよ、ほらこっちも美味しいですよ』ってふるまうんだよ。それは『足し算』なんだよねえ。森ちゃんも都会的だよね」

なるほど、その都会/田舎という視点はじつに大林監督っぽい。たしかに大林監督は足し算の人だ。

大林監督が映画のシナリオを書いていたときのことだ。監督は手書きで原稿用紙に書くので、僕は毎日それをタイプしてシナリオのフォーマットに落としこんでいたのだが、ときに気になったところを調べて指摘することがあった。

「監督が書かれていることも一説には正しいみたいなんですけど、諸説あるらしいんですよ」

僕なんかは、じゃあそのひと言を削ればいいだけじゃんなんて単純に思ってしまうのだけど、大林監督はそこを、

「……と言われているが諸説はあって云々《うんぬん》」

のようにセリフを足していくのである。かくして当初2時間は絶対に超えないと約束していた作品が3時間近い大作になっていく。

なぜか。足すいっぽうで、引くことはないからだ。

考えてみれば映画のタイトルだってずいぶん長いものが多い。

たとえば『Complexe＝微熱の玻璃《はり》あるいは悲しい饒舌《じょうぜつ》ワルツに乗って葬列の散歩道』『EMOTION＝伝説の午後＝いつか見たドラキュラ』『CONFESSION＝遥《はる》かなるあこがれギロチン恋の旅』『日本殉情伝　おかしなふたり　ものくるほしきひとびと

の群』『22才の別れ Lycoris 葉見ず花見ず物語』などは、どれがメインタイトルか迷ってしまう。

遺作となる『海辺の映画館　キネマの玉手箱』も正式タイトルはこのとおりだが、映画がはじまっていちばんはじめに出るタイトルが『LABYRINTH OF CINEMA』だ。これは海外の映画祭から出品を求められてつけた海外版のタイトルなのだが、大林監督は「編集に間にあうから」ということでこの英語をタイトルロールに足してしまった。なので本編を観るとタイトルが『LABYRINTH OF CINEMA 海辺の映画館　キネマの玉手箱』となる。足すなあ！

大林監督といっしょに絵を描いたことがある。それこそ尾道の別荘でだ。正月休みかなにかのときだったと思うが「見ないで描こう」といった趣旨で、お題を出してなにも見ずに記憶だけで描こうというゲームだった。このゲームは絵のうまさというより記憶力や視点の問題なので、僕も含めてやはりみなひどいものだったのだが、そんななか大林監督はさすがだった。

「兎《うさぎ》」というお題ではなぜかディズニーのキャラクターのように2本足でシュッと立つパンツ姿の兎を描き、足元には亀まで配置するサービス精神だ。背景には山も森もある。

「龍」というお題でもやはり龍は2本足で立っていた。監督はあらゆる生き物を2本足のキャラクターに仕立てた。龍の顔は完全にふつうのおじさんなのだが、鼻から息だか炎だかを吹き出しながらこう叫んでいる。「リュ〜〜〜〜〜〜」と。龍の鳴き声が「リュ〜〜〜」と知ったのはこのときだ。背後では火山が火を噴いていて、なぜか鳥まで空を飛んでいる。完全に「時間がゆるすかぎりあとからどんどん足したな！」という絵で、大林監督っぽくて好きで、大事に取ってある。いつかTシャツにしたい。

しかしこの「足す」ということこそが大林監督流のもてなし、サービス精神の正体なのだ。そう思う。


晩年、大林監督を登場人物にしたエッセイマンガをいくつか描いた。ひとつはがん発症後ふたりで近所に散歩に出かけたときの会話をもとにした、監督のお父さま、お祖父《じい》さまからつらなる大林家のヒストリーを描いたものだ。掲載にあたり原稿を確認してもらったところ、1か所だけセリフの修正があって、それ以外はOKだった。赤字の入った原稿が戻ってきて見ると、表紙に鉛筆で「アリガトウ！」と書かれていた。

人はありがとうの数だけ賢くなり、
ごめんなさいの数だけ優しくなり、
さようならの数だけ愛を知る。

——大林監督のことばだ。

「また散歩に行きましょうね」

とお誘いしたら、

「そしたらまたマンガが一本描けるね」

と笑って言った。

わざと太る／ああ、くつろいだ／不健康音痴

「森ちゃん、鴨居《かもい》にね、ふすまをすべらせる溝があるじゃない？」

「ええ、あのレールの部分ですね」

「そうそう。そのレールとレールのあいだってちょっと出っ張ってるでしょ？」

「ありますね、出っ張り」

「そこを親指と人差し指でつまんで片腕で懸垂してたんだよ」

大林監督と話しているとこういうとんでもないことをさらっと言ってくる。監督も昔は僕とおなじくらいやせていた、という流れでの話だ。やせてたので2本指で懸垂ができたんだよ、と。僕は思わず噴き出してこう言った。

「やせてるからって、みんながみんなそんなことができるわけじゃないですよ、監

督!」

幼少期からいまにいたるまでずっとやせている僕だが、当然2本指懸垂なんて芸当はできない。僕は体力がなく、運動が苦手な部類の「やせ」である。いくら食べても太れないし、どれだけ運動をしても筋肉がつかない。

小学生のころは週2で体操教室に通い、30分から1時間のジョギング後に筋トレとバスケの練習をしていたが、学校では学年でいちばん足がおそかった。そんな悲しいことがあるだろうか。

思春期はやせた体型がコンプレックスで、元オリンピック選手が所属するロードレーサーのチームに交ぜてもらって毎週のように大井《おおい》ふ頭《とう》や千葉の山のなかをぐるぐる自転車で走っていたが、それでも体型はまったく変わらなかった。変わらないのに毎日筋肉痛なのだ。報われなさがしんどすぎて、さすがにそれ以降は体型を変えることは断念した。

「25歳過ぎたら太るよ」「30歳過ぎたら太るよ」と諸先輩がたが折々で脅かすように予言してきたが——それは中年太りというやつで、僕が望んでいた「太りたい」というのとは根本的にちがうものではあるが——軒並み外《はず》れ、それでも長袖から半袖の季節に変わると「やせました？」と毎年言われるし（やせている人あるあるだ）、食事の心配をされることもたびたびだ（もちろんちゃんと食べている）。

ぶ厚い胸板と大きなからだがトレードマークの肉体派で、各所でターザンのものまねをする大林監督が（あの雄たけびを聞かせたい）昔はやせていたと聞いても「ほんとうかな」と懐疑的だったのだけど、10代のころの写真を見せてもらうとたしかにひょろっとやせていて、いわゆる当時の大林監督のパブリック・イメージとはかけ離れていてすごいスリムである。痩身といってもいいくらいだ。

とはいえ片腕で懸垂するほどの体力、筋力を持っているのだから昔から肉体派ではあったのだろう。事情は僕とはだいぶちがう。ガキ大将だったという話も聞いたことがあったし、懸垂以外にはどんな遊びをしていたんですかと尋ねてみると、

「屋根に上って、そこをざざざざってすべるわけ。すると屋根から飛び出して落っこちるよね。落っこちた瞬間に空中でくるっと振りかえって雨どいにぶら下がるんだ。そういう遊びをしてた」

そういう遊び、って言われてもだ。

大林監督の話を聞いているとときおり、戦中戦後はそういったことが当たりまえの

時代だったのか、それとも大林監督が子供のころからチャレンジングな性格だったのか分からなくなることがあった。それにしても命がけだ。

聞くところによると、本土から瀬戸内《せとうち》の島まで泳いで渡るというのが尾道の子供の標準的な遊びで、毎年ひとりは潮に流されて亡くなっていたというから（ほんとですか）、子供の遊びとはいえそこまで特別なことだったわけではないのかもしれない。分からない。どうなんだろう。

「それにしても体力がありあまってたんですね」

「大学生のころ、友達といっしょに富士山《ふじさん》を走って登頂したよ。あれは惜しかったなあ。タイムを計ってたら日本記録だったはずだ」

どうですか。監督の話を基準にすると当時の「当たりまえ」がどうもぼやける。それくらいひとつひとつの遊びが伝説のように聞こえるのだ。

ちょっと大げさに言っているんじゃないのかと思いきや、その「いっしょに走った友達」もおなじことを言っているのでどうやらほんとうらしいし、ともすればその友達だって驚異的なわけで、そのころの尾道では怪物のバーゲンセールでもやっていたのだろうか。

なにかの立ち話をしているときに不意に大林監督から作家としてのアドバイスをもらったことがある。それがなにを隠そう「太ったほうがいい」だった。

太ったほうがいい？


「えっと、それはマンガ家として、ですか？」

「そうそう」

「まじですか。どういうことですか」

「森ちゃんのマンガはね、いかにも線の細い文学青年が描きましたってマンガなんだよ。おれが太ったのもそのためなんだ。体型を変えると作品が変わるんだ。太るとそれだけ幅が出るんだ」

「ということは監督はわざと太ったんですか？」

「そうだよ」

「いつくらいにそう決心したんですか？」

「『転校生』のころかな」

1982年ごろだ。『転校生』の撮影現場の写真を見てみるとたしかに大林監督は上半身裸になって現場で指示している。胸板は厚く、からだは大きく、いわゆる大林監督っぽいイメージの完成形ともいえる。10代のころの線の細さはまったくない。

『HOUSE／ハウス』（1977）
『瞳の中の訪問者』（1977）
『ふりむけば愛』（1978）
『金田一耕助の冒険』（1979）
『ねらわれた学園』（1981）
『転校生』（1982）

たしかに『転校生』でがらりと作風が変わった印象もある。のちに尾道三部作といわれる作品群の1作目にあたるし、大林監督のなかの文学性が開花した作品だともいえる。なるほど、体型が変わると作品が変わる、というのはあるのかもしれない。

しかしそうか、太るか……。

作家としてのアドバイスをいただいたのは、じつは後にも先にもほんとうにこのときだけで、そのアドバイスが「太ったほうがいい」というのもとてつもなく貴重な機会を失ったような気がするのだが、なんといっても僕は食べても運動してもまったく太れないのだ。うまくそのアドバイスを活《い》かすことができておらず、なんとも申し訳なく無念のかぎりである。でもまあ、僕は僕なので仕方がない。

大林監督は日常的にタフな人ではあったけど、映画をつくっているときはなおさらエネルギッシュで、とくに1980年代、つまり監督夫妻が40代のころは尋常じゃない働き方をしていた（まさにいまの僕くらいの年齢だ）。年に4本映画をつくり、1日休みがあると仲間を引き連れて夫妻でテニスをしたり馬に乗りに行ったりと、とにかくからだを動かしていたそうだ。信じられない。「ゆっくりする」ということばは大林監督の辞書にはない。

「のんびりするとか寝るなんて、そういうことは老後にやればいい」

というのが口癖で、なにしろ作品と作品のあいだに2週間の休みがあると分かると「じゃあそのあいだに映画を1本つくろう。参加する人、この指とまれ！」と号令を出して2週間不眠不休で映画をひとつ完成させてしまったほどなのだ。その作品が『廃市《はいし》』で、キャメラがまわっているのに峰岸徹《みねぎしとおる》さんをはじめ俳優陣がこぞって芝居中に眠りこんでしまったという逸話があるくらいだ。

2011年の『この空の花』の撮影のときに数日間べったりと同行させてもらったときに見た大林監督は超人のようだった（なんて貴重な体験だったのだろう）。

炎天下のなかスタッフはじめみんながくたくたになりながら何日も休みなく撮影をつづけていたのだが、大林監督は疲労なんてどこ吹く風といったすずしい顔をして、撮影が終わると毎日スタッフルームへ行ってみんなと酒を飲みながら夜遅くまで雑談や打ちあわせをしていた。撮影開始は早朝からである。ほとんど寝ないのだ。それが毎日である。あとから知ったのだが、監督は部屋に戻ると毎夜2時間かけてシナリオを読みこんでいたという。しかもこのとき大林監督は73歳で、その前年に心臓肥大で手術を受けてペースメーカーを入れているというのに、だ。

そんななかようやく撮休《さつきゅう》となり、スタッフがようやくゆっくり寝たり撮影地の長岡を散策したりとひと息ついているなか、大林監督は精力的に午前中から取材を何本か受け、昼食のためホテルに戻ってきたところをロビーで助監督につかまって打ちあわせをすることになった。大林監督は僕たちに「先にお昼を食べてて。あとから行くから」と言っていたが僕たちが昼食を終えてもロビーで立ちっぱなしで打ちあわせをしており、結局監督だけ昼食を食いっぱぐれていっしょにホテルの部屋に戻ったのだ。

そして部屋に戻ると監督はソファに座って目のまえのテーブルにあったおかきをひとつぽりぽりと食べてこう言ったのだ。

「ああ、くつろいだ」

おかしい。

おかきをひとつつまんで8秒でくつろげる人類っているのだろうか。いるのだ。それが大林宣彦という人だ。


「羨ましいですよ。その無尽蔵《むじんぞう》の体力はどこから来るんですかね」

あるときそんなことを訊いてみると、

「よく食べるからだろうね」

と大林監督。そう、とにかく大林監督はやたらと食べていた。それこそ30代はモーニング・ステーキを食べていたというからちょっと想像つかない。

「朝からステーキですか？」

「毎朝ね」

「そうそう、わたしが毎朝焼いてたの。200グラム。みんな驚いてたわよね」

恭子さんもにこにこ笑ってそう言う。そりゃあ驚くだろうと思う。というか、朝起きてすぐに200グラムのステーキなんて、もとから体力のある人じゃないと食べられないですよ、監督。それはもう、ほんとうに。

さすがに僕が監督と出会ったころにはそこまでの勢いはなりをひそめていたが、それでも年齢にしてはとにかくよく食べたし、機会は逃さずよく人を誘って大勢で食事をした。

事務所に知人が来ると「じゃあ、ごはんでも」となり、試写が終わったあとも俳優さんやスタッフに声をかけて「じゃあ、ごはんでも」となり、プライベートの観劇の帰りなども同行した友人を誘って「じゃあ、ごはんでも」となって、とにかく機会を見つけては大勢で食事をするのが好きだった。

そして「あれもこれも」といった感じでレストランでもたくさん注文してテーブルを料理で埋め、みんなで箸をつついてわいわいとやるのがなによりの幸せのようだった。

注文などもかならず若いウェイターなどに「きみのおすすめは?」と訊き、それがなんであろうと「それをお願い」と注文し、ひと口食べてそのウェイターに「うまい!」と満面の笑みを浮かべた。食事が終わると「美味しかったよ」「楽しんだよ」「ありがとう」とウェイターをはじめ、厨房《ちゅうぼう》から出てきたシェフたち全員と力強く握手した。

一度などは友人夫妻の経営するシチリア・レストランでいただいたシャルドネが美味しすぎて、

「これ、絶品だねえ！　このまま持って帰っていい？」

と注いでもらったワイングラスを片手にレストランを出て、そのまま帰りの車に乗りこんだこともあった。友人の経営者たちはもちろんもちろんと大よろこびで、おまけにボトルを1本くださったほどだ。なんというバイタリティだろう。そこに人がいるとにこにこと話しかけずにはいられないのだ。食べるとすぐに眠くなる僕とはえらいちがいだ。


それで言うと、先ほど触れたペースメーカーを入れる手術のときもその持ち前のバイタリティがいかんなく発揮され、ちょっとした騒動になったのだった。

そもそも僕が大林監督の事務所に勤めはじめたのが2009年の年末で、ちょうど監督が秋の旭日小綬章《きょくじつしょうじゅしょう》受章の祝賀会をするというタイミングだった。

ホテルの大きな会場を借り切って、司会は南原清隆《なんばらきよたか》さんと勝野雅奈恵《かつのかなえ》さん、来場するかたがたも三浦友和《みうらともかず》さんや秋吉久美子《あきよしくみこ》さん、ミッキー・カーチスさん、高橋幸宏《たかはしゆきひろ》さん、赤川次郎《あかがわじろう》さん、高畑勲《たかはたいさお》さんなど各界の著名人ばかりでどこに目をやっても豪華で華やかな祝賀会だった（個人的には受付でお迎えした立川談志《たてかわだんし》さんが5分もしないでひと言「帰ります」と僕に言づけしてぱーっと帰ってしまったのが印象にのこっている。どうやらお祝いの場に自分がいるということが気恥ずかしかったようで、勝手なイメージだがそれもなんだか談志さんっぽい気がする）。

パーティがはじまるとみんなが壇上で挨拶をし（みんな思いのたけがありすぎて挨拶が止まらず、信じられないことに乾杯するまでに1時間以上かかった）、伊勢正三《いせしょうぞう》さんが「なごり雪」などを熱唱し、大林監督も司会者がいるのにマイクを片手に舞台上でゲストとアドリブの掛けあいをし、盛りあがりに盛りあがって終了のその間際に、急に大林監督の様子がおかしくなった。どうもくらくらとして苦しそうなのだ。急きょすこし脇で横になってもらい、みなさんを会場出口でお見送りするときは椅子に座って対応してもらった。これは屈強な大林監督にしては青天の霹靂《へきれき》だ。

「こんなことはじめてだよ」

大林監督自身もなにがあったのか分からず不思議がっていたが、顔が真っ白になっていて立ち上がると眩暈《めまい》がしていたので貧血だろうという結論となった。しかしどうして貧血になったのかまでは考えがおよばない。

後日やはり何度か貧血になり、あるときなど参列していたパーティで倒れ（このときは大林監督の盟友・石上三登志《いしがみみつとし》さんが膝枕をしてくれ、目を開けたら和田誠さんが心配そうにのぞきこんでいたそうだ）、救急車を呼ぶか呼ばないかという騒動になったのでさすがに家族で説得して人間ドックで検査をしてもらったはいいが、そこで出してもらった医者への紹介状もずっとかばんのなかにしまいっぱなしという始末。病院嫌いというわけではなく、おそらくいままであまりに健康すぎたので「不健康音痴」だったみたいだ。なにしろ大林家は代々つづく医者の家系にもかかわらず、監督自身は医者に行ったことがない。

しびれを切らした千茱萸さんが封をされた医者への紹介状を知りあいの医者に渡して見てもらったところ心臓肥大が原因だということが判明し、家族みんなであわててその病院に向かった。

医者から心臓が異常に大きいと教えてもらった大林監督はしかし、

「だと思ってました、立派な心臓でしょう！　かねがね自分の心臓は人より大きいにちがいないと思っていたんですよ！」

わが意を得たり！

みたく誇らしくうなずいていたのだが、

「心臓のポンプが弱まっているので心臓が大きくなっているんです。病気なんです」とたしなめられるところから説明がはじまった。それどころか病状はかなり悪いという。

「今日いまから入院してください。それくらい危険です」

「1日待ってください。明日また来ます」

大林監督は当日入院をことわり、お住まいの成城学園前まで戻ってとりあえず行きつけのとんかつ椿《つばき》でかつ重を食べてから翌朝出直したのだった。どうしても病院食ではないものを食べたかったらしい（のちのち「あのときのかつ重はうまかったねえ」と繰りかえし述懐することになる）。


そして手術当日だ。これがたいへんだった。

通常だと2、3時間で終わる手術に7時間かかったのだ。恭子さんも千茱萸さんも僕も手術室のまえでこれは何事か起きたのではないかと気が気ではなく、恭子さんに至ってはぼろぼろと泣きだしてしまった。それはそうだろう。

しかし手術が終わってから分かったのだが、部分麻酔だったために監督の頭はしっかりと意識があって持ちまえのバイタリティを発揮し、手術中の医者に「おいくつですか。そうですか、僕の息子と言ってもいい年齢ですね。僕の命お預けしましたからよろしくたのみますね」「血は出ないんですか？　そうですか、レーザーメスなんですか。傷口が焦げて止血される？　僕の知ってる知識とはもうだいぶちがいますね。医学は進歩しているんだなあ」「先生、おなかが鳴りましたね。ちょっと休憩してなにか口に入れてきたらどうですか」と話しかけつづけ、そのため繊細な手術に集中できない先生が手こずって時間がかかっていたらしいのだ。そのあいだに部分麻酔の効力が切れてしまうといけないので追加で麻酔をして、監督が一瞬だけこてんと意識を失った隙に手術を終え、それが手術開始から7時間後だったのだという。

「あなたが話しかけるから」

恭子さんは泣きながら怒っていたが、うん、手術中のお医者には話しかけてはいけない。患者が。それはもうまちがいなく。

そして退院して帰宅するとまたみんなで食卓をかこみ、手術の成功を祝ってわいわいと食事をした。そして監督は、自分のペースメーカーを埋めこんだ胸をさすって「ここにあるのはピースメーカーなんだ」と笑顔でワインを開けるのだった。

「70までは医者に行くと病気になると思ってたけど、70過ぎたら医者に行くと健康になるんだね」

大林監督も以降は考えをあらため定期的に医者に行くようになった。のちのちそれが肺がんの発見につながるのだからなにが幸いするのか分からない。


肺がんを患ってからしばらくするとさすがに頑健な大林監督もすこしずつ小食になり、気がつけば10代のころのようにスリムな体型になっていた。

とはいえ大林監督である。

レストランではやはり山ほど注文する。山ほど注文してテーブルを料理で埋め、そして同席する若者にたくさん食べてもらおうというのだ。たくさんもりもりと食べる人が目の前にいてくれると、それだけで監督も幸せそうだった。

家族で食事をするとなると、たくさん食べるのはいちばん若い僕の役目である。それはもうほんとうにたくさん食べさせてもらった。もともとやせの大食いではあったものの、年齢を重ねるごとに僕も人並みに食が細くなってはきていた。それでも食べた。監督一家といっしょに食べる食事はいつでもうれしく楽しいのだ。

監督は口癖のようにいつも「森ちゃん、これも食べる？」とにこにこしながら取り分けたお皿を僕に差し出してくれた。そのあたたかい声はいまでも耳にのこっている。

そしてそのころになると大林監督はよく寝ていた。

放射線治療はやはり体力を使うのだろう、ゆっくりとだがからだが小さく、背も低くなっていった。食事をして寝て、起きてすこしリビングでおしゃべりするとちょっと横になるといって寝室に戻った。

「いままでのぶん、まとめて寝てるって感じ」

大林監督はおだやかな表情でそう言うのだった。

「昔は森ちゃんくらいやせてたんだよ」とよく口にしていた監督は、僕が手を引いてベッドまで連れていくときにはかならず「昔は森ちゃんくらいの背があったんだよ」と言うようになっていた。そして手を引くたびに「森ちゃん、また大きくなった?」と僕を見上げるのだった。

ニューヨーク紀行／敗戦少年／目を皿にして

はじめてニューヨークに行ったのは2003年だ。

当時は僕はまだ会社勤めをしていたので上司と交渉して有休を5日もらい、土日を前後でふたつくっつけて正味9日間の旅だった。学生時代はバックパッカーだったので「行けば泊まるところくらいあるさ」という気軽な気持ちで予約もしないで直接ユースホステルを訪ねたのだが、どこのホステルも満室でベッドひとつ空いておらず、おまけに風が強くてからだが凍え、弱り目に祟《たた》り目で雨まで降ってくるという始末。ホステル以外で唯一「できたら泊まってみたいな」と思ってメモしてあった、かつてボブ・ディランやジャニス・ジョプリン、トム・ウェイツなどが暮らしていたという伝説的なチェルシー・ホテルにずぶ濡《ぬ》れになりながら向かい、ひと晩の宿を求めたところ運よく部屋は空いていて——その部屋は無用に広くて暗くて埃《ほこり》っぽかったのだがそれでも——命拾いした思いだった。

とりあえず泊まる場所が決まったので空腹を満たさねばと、着替えて出かけてひとまずビールをたのむと「年齢確認をさせてください」と言われ、まじですかと思いながらパスポートを見せた記憶がある。僕はこのとき28歳だった。そんなに幼く見えましたか、そうですか。

翌日からは見事に晴れわたって、僕も若かったこともあって精力的に「一度は押さえておかないとな!」という観光地をめぐりにめぐった。エンパイア・ステート・ビルディング、自由の女神、マディソン・スクエア・ガーデン、セントラル・パーク、アメリカ自然史博物館……。ひさしぶりの海外旅行ということもあって、見るものすべてが雨上がりの日差しのように輝いて見えた。

ところがもっとも楽しみにしていたニューヨーク近代美術館（MoMA）が工事中ということが行ってから分かり、急きょ期間限定で移転していた仮設の美術館へおもむいたのだが、規模が縮小されていていささか消化不良だった。いつかまたニューヨークに戻ってきて、再オープンしたMoMAをこころ行くまで堪能するぞ——僕はそう誓い、帰国した。

それから9年後の2012年、まさかその願いが「MoMAにゲストとして招かれた大林監督の同行者」というかたちで叶《かな》うとは思っていなかった。世のなかなにがあるか分からない。

MoMAからの打診は、美術館併設の映画館の「アートシアターギルドと日本のアンダーグラウンド映画1960〜1984年」という特集上映のなかで大林監督の作品を何本か上映することになったのでそこで登壇してほしい、来ていただけるのなら学芸員たちから大林監督にロング・インタビューしたいということで、大林監督はもちろん快諾だった。

依頼内容からすれば本来、大林監督と恭子さんがふたりで行けばことは足りるのだが、おふたりからは「将来、森ちゃんのマンガに役に立つと思うから」という贈りもののようなご厚意もあって同行させてもらうことになったのだ（さっそく帰国直後の連載で一部舞台をニューヨークにした）。もちろん千茱萸さんもいっしょだ。

12月のニューヨークはクリスマス一色だった。

MoMAの通り向かいのホテルにチェックインして、近くのカフェで食事しながら打ちあわせをしましょうということになり、先方の担当者たちと僕たち家族がそろってジングルベルの流れるマンハッタンを歩く。4人でニューヨークにいるなんて不思議な気分だ。

見ると大林監督が恭子さんと手をつないでいる。

ふたりは歩くときそこが日本でもどこでもいつも手をつないでいた。映画の撮影中、わずかな移動のあいだでもだ。そのあたりも日本人としてはちょっとめずらしいくらい「公衆の面前で手をつなぐなんて恥ずかしい」みたいな照れはまったくないようだった。どちらかというと監督が恭子さんのことを好きすぎて「どこへ行くのにも恭子さんといっしょ」と希望していた、というのが僕の印象だ。なんて仲がよく信頼しあっているふたりなんだろう。恭子さんに「仲いいですねえ」と言うと、

「監督はマメなのよ。コマーシャルを撮ってる時代、年の半分くらい日本にいなかったの。そのころはコマーシャル・ウィドウって呼ばれてたくらい。でもそのあいだ毎日海の向こうからハガキが届くのよ。毎日よ?」

と呆《あき》れるようにうれしそうな顔をした。

マンハッタンは僕の目からは9年まえと変わっていないように見えた。でも実際に

暮らしている人たちからするとそういうわけでもないのだろう。旅行者と生活者では見えている景色がちがう。

「大林監督は最後にアメリカ来たのっていつです？」

「いつだったかなあ……うーん……」

「はじめて来たときは覚えてます？」

そう訊いてみると、コマーシャルの撮影で、おそらく1964年くらいだったかなあと言う。

「トヨタのCMでね、日本ではじめての海外撮影のCMだったんだよ。まだドルが360円の時代でね、フィルムを持っていたから税関で止められてたいへんだった。おまけにトヨタは自分たちの車をアメリカで用意してくれなかったんだ」

「え、それじゃ撮影なんかできないじゃないですか。なにを撮るんですか？」

「トヨタの車が通るのをただ待つんだよ。道のちょっと先に立って、トヨタの車が来たら合図を出すってことでひたすら待っててね。まだアメリカにはアメリカ車しかないような時代だよ。日本車なんて誰も乗ってない。撮影日程も1週間と決まってて」

「それで撮れたんですか」

「最終日に奇跡的にね」

なんていうギャンブルな撮影だ。よほど自分の幸運に自信がなければ賭けられない仕事だ。ＣＭ監督時代の話を聞いているとほんとうに話がつきず、嘘《うそ》のような話が次々と飛び出してくる。トヨタのＣＭソングをつくったけどめずらしくボツになったこともあるそうだ。

「いい歌だと思うんだけどねえ」

「どんな歌なんですか？」

すると大林監督は自分でも盛大に噴き出しながら歌ってくれた。

パブリカ〜とおならをすれば
鼻のあたまにクラウン〜
だけど匂いはセンチュリー
息をすってもいいコロナ
トヨタ〜　トヨタ〜
ト〜ヨ〜タ〜

一度聴いたら耳にのこるシンプルなメロディで、聴きながら僕も噴き出してしまった。トヨタもこれをお蔵入りさせるなんてもったいない。最高なのに。

その後も何度もアメリカにわたってCMの撮影をしていたが、やはり時代も時代だからか通訳がいないなんてこともあったようだ。なにかの撮影のときに「サボテン」を英語で言おうとした撮影監督の阪本善尚《さかもとぜんしょう》さんが「サボテーン？　サァーボテーン？」とひたすらサボテンのアクセントを変えて発音するがアメリカ人に通じない。当然だ、サボテンは英語じゃない。「カクタス」だ。しかしその場にいた者は「サボテーン」に頭が行って誰もそのことに気づかない。あきれた大林監督が「サボテンじゃないいんだよ。おれにまかせろ」と前に出てきてこう言った。

「シャボテーン」

いまとなっては笑い話だが、いちばん気の毒なのはサボテンだシャボテンだと言われつづけたそのアメリカ人だ。

あるときはやはり「落下傘」を英語だと思いこんだ阪本善尚さんが「ラッカサーン？　ラァッカサーーーン？」と繰りかえすが伝わらず、弱りはてて大林監督にこう訊いてきたそうだ。

「監督、落下傘って、Lでしたっけ R でしたっけ？」

落下傘はもちろん、英語では「パラシュート」である。

のどかな話だが、当時はしかし、太平洋《たいへいよう》戦争が終わって20年ほどしか経《た》っていなかった。まだまだアジア人・日本人への偏見や差別のひどい時代だったらしい。

別の撮影でロサンゼルスのホテルに泊まったときは、監督が中庭のプールに入ったとたん、ほかの白人の客が一斉にプールから出たというし、あるときなど大林監督が日本人と分かったとたん「わたしの息子は日本人に殺された」とホテルから追い出されたという。これがわずか50年ほどまえのことだ。戦争の影はまだまだ色濃くのこっていた。

それから50年以上が過ぎて「戦後は遠くなりにけり」かというと大林監督の実感としてはそんなことはなさそうだった。

とくに東日本大震災以降は戦争について言及することが多くなったし、この渡米の直前2011年に製作された『この空の花』では慰霊の花火と太平洋戦争、そして東日本大震災を結びつけ「まだ、戦争には間に合いますか?」というセリフがキーワードになっていた。

備忘録として記しておくと2011年の時点で戦争を懸念している人はほとんどいなかったと言っていい。東日本《ひがしにほん》大震災での被災者、あるいは原発や放射能、次にくるかもしれない地震について真剣に意見を交わしていたが、戦争を視野に入れて語っている人は稀有《けう》だった。

その後数年のうちに特定秘密保護法や共謀罪法が政府により強行採決され戦争や独裁に近づき、なぜ2011年という早い時期に戦争を危惧《きぐ》する映画をつくれたのだろうと僕などは不思議に思ってしまう。それこそ一度直接訊いてみたことがある。

「なんでそんなすぐに戦争への警鐘を鳴らせたんですか?」

「まあ、分かるんだよ」

大林監督はなにかを含むように静かにそう答えられるのだった。戦争体験者にしか分からない時代の空気というものがあるのかもしれない。

恭子さんがなにかの用事で同行できず、監督とふたりきりで新幹線に乗って講演に向かうことがしばしばあった。そういうときはだいたい政治談議、あるいは監督の戦争体験の話になった。

敗戦を迎えたのが7歳のときで、戦中は鬼畜米英を信じていた監督は(子供なのでそれは当然だろう）戦後になって混乱した。昨日まで正しかったことがまちがいとなり、教科書は自分たちの手で黒塗りにさせられ、アメリカが持ちこんできた映画を観たらすばらしい世界がスクリーンのなかに広がっている。さぞかしショックだったろうと思う。

「おれは『敗戦少年』なんだよ。あれは『終戦』じゃないからね。明確に『敗戦』なんだ。すべて焼け野原からはじまっているんだよ。

でも、だからね、やることはたくさんあったんだ。誰も手のつけていないことが、たくさん。なので『おまえがそっちに行くならおれはこっちに行く』ってなるんだ。誰かがやったことはやらない。そっちの道はその人に任せる。別々の道を行くんだ。おれたちはそういう世代なんだよ。

恭子さんもおなじだよ。恭子さんのお父さんの教えがふたつあって、ひとつが『フロンティア・スピリッツ』で、もうひとつが『エポック・メイキング』だったんだ。恭子さんは子供のころからお父さんにそう育てられてきてるんだ」

恭子さんも大林監督と同い年で（学年はひとつ下だが）、生まれ育った椎名町《しいなまち》で東京大空襲を経験している。火の海になった東京を見て、恭子さんのお父さまはこうおっしゃったそうだ。

「よく見ておきなさい」

遠くて近い過去の話である。

そして実際、MoMAの学芸員からのインタビューの最初の質問が「あなたの戦争体験を聞かせてください」だったので驚くと同時につじつまがあったような気持ちになった。その学芸員たちも本気だ。

大林監督も戦中の記憶から（玉音放送のあった日の夜は短刀を手にしたお母さまと向かいあって正座して夜を明かしたそうだ）、先ほどの焼け野原の話、そして自分が個人映画を――当時は自主映画ということばはなく、個人映画＝プライベート・フィルムと呼ばれた――撮るようになったいきさつなどを順を追って真摯《しんし》に語られた。大林監督の個人史が戦後史と重なり、それが大林映画へと紡がれていき、その映画がMoMAで上映される。

やはりこれもまた歴史の一部なのだ。

僕はそんな歴史の一部を目《ま》の当たりにしながら、大林監督がMoMAのようなところでインタビューされるというのも必然なんだよなあと考えていた。

というのも大林監督はいまではあまり知られていないかもしれないがアーティストとして世に出たのだし、そもそもでいうと、じつは自分で「映画監督」と名乗ったことはないのだ。たとえばインタビュー記事のゲラなどで「映画監督・大林宣彦」と書かれると大林監督はかならず万年筆で丁寧に二重線を引いて「監督」を消し、「作家」と書きかえていた。

映画作家。


それが大林監督の肩書なのだ。

はじめてそれを知ったとき、僕は驚いたものだった。

「大林監督の肩書は映画監督じゃないんですか!?」

「映画監督っていうのは職能なんだよ。つまり東宝《とうほう》の映画監督、松竹《しょうちく》の映画監督みたくね。おれの時代、映画監督というのは映画会社に入社して演出部に配属されて助監督になって、試験を受けて監督へと昇進していくものなんだ。それ以外に『映画監督』になる方法はなかったんだ。だからおれは『映画作家』を名乗っているんだよ」

大林監督はそう教えてくれた。映画監督は、職能。

一度事務所の整理をしているときに大林監督がはじめてつくったという名刺を見つけたことがある。ロゴも自分でデザインして文字も写植で、1960年代につくられたものだ。そこでも肩書は「FILM MAKER」つまり映画作家となっていた。「MOVIE DIRECTOR」ではないのだ。そしてそれは大林監督なりの「映画監督」への敬意の払いかただった。

その名刺をつくった1960年代、大林青年は個人映画を撮りはじめたころで、仲間といっしょに草月《そうげつ》ホールで上映会を開いたりとまさに「エポック・メイキング」な活動をしていた。

「当時日本で個人映画をつくっていたのは高林陽一《たかばやしよういち》と飯村隆彦《いいむらたかひこ》とおれの3人しかいなかったんだ。その3人で上映会を企画したの。映画館ではもちろん上映してくれないわけだから」

なのでそういった活動を取り上げていたのは映画業界ではなくむしろアート業界だった。はじめから大林監督は「新進気鋭のアーティスト」として評価され世に出たわけである。

やがて広告代理店から声をかけられてコマーシャルを撮るようになり、次いで映画会社からたのまれて映画をつくるようになったわけなので、経歴てんこ盛りではあるのだが、実のところ大林監督は一貫して「個人映画」をつくっていたということになるのだろう。そう思う。

むかし取材に同席していたとき若いインタビュアーから「CM監督から映画監督になって、夢を叶えられたんですね」と言われて、

「映画監督になりたいという夢や野心があったわけじゃないんです。たのまれたのでやったんです」

と大林監督は返答されていたし、生涯ずっと「自分はアマチュアだ」と言いつづけたというのもそういうことにつながるのだろう。

長いインタビューが終わると学芸員が館内を案内してくれた。

これも9年越しの願いが実現し、過去の消化不良が氷解する夢のような時間だった。ゴッホ「星月夜」、ピカソ「アヴィニョンの娘たち」、ムンク「叫び」、モネ「睡蓮」、ルソー「眠るジプシー女」、マチス「ダンス」……。誰もが知っているような絵画が文字どおりそこらへんにごろごろとある。接近を禁止するロープもなく、作品によっては額装もされず裸の状態で陳列されている。見学している人もメモを取ったり模写

をしたり、あるいは子供などは床に寝そべったりしている。

そんな自由な環境で名画の数々が展示されていることに感動して僕も鼻がくっつくほどの至近距離からマチスの作品を眺めたりした。ガラス板もないから光も反射しない。目を皿のようにしていると大林監督がしみじみと、

「芸術というのはこうやって暮らしのなかにあってこそだよね」

と言った。

僕はうなずきながら、こういうところに自分の絵があったらいいのにな、というか、あってもおかしくないんじゃないかと、なんとはなしに夢想していた。額縁に入れてロープが張られて警備員が横に立っているような場所ではなくて、まさに暮らしのなか、日常の延長としての空間に僕の絵がある……。不遜なようだが、ＭｏＭＡにはそんなことを思わせる親密な磁場があった。なんてことをつらつらと考えていると、大林監督が僕に近づいてきてこう言った。

「こういうところに自分の絵があってもおかしくないって思わない？」

僕は監督の千里眼にびっくりしてせきこむように「は、は、はい、そう思います！」と正直に返事をした。

すると大林監督は深くうなずくのだった。

「そういうイメージって大切だよ」

『転校生』『廃市』など監督の作品が上映されるたびに大林監督は登壇した。舞台に上がるとき、監督はかならずスクリーンに一礼をする。

「僕がつくったものはまだ映画じゃありません。それがみなさんの心のスクリーンに映ったときにはじめて映画になるんです。映画とは対話です。みなさんがいるから僕がいる。映画というのはリアクションなんです」

盛大な拍手で挨拶が終わると舞台上から観客に恭子さんと千茱萸さんを紹介し、退場するときもおなじくスクリーンに一礼した。このスクリーンあるいは自然界には存在しえぬ「空白」というものに対する敬意は、僕が見ているかぎり一度も欠かしたことがなかった。

話はこの数年まえにさかのぼるのだが、ニューヨークからひとりの映画人が大林監督に会いに来日したことがあった。その男性はマーク・ウォルコウさんという数々の映画祭でプログラミング・ディレクターをつとめるかたなのだが、そのころはじめて大林監督の『HOUSE』を観て雷に打たれたように感激してこう思ったのだそうだ。

「黒沢清《くろさわきよし》に次ぐ新しい才能を見つけた！」

しかしいざ会ってみると「70歳を越した白髪のおじいちゃん」（大林監督本人がそう言っていたのだ、悪しからず）で、なんとも恐縮していたのだが、彼の尽力もあって『HOUSE』はアメリカのクライテリオン社のコレクションに加えられ、全米でDVD／ブルーレイが販売されることになった。

観るたびに発見のある玉手箱のような映画で繰りかえし観ても飽きないし、アナログの特撮がいまのデジタル世代の若者たちの目には新鮮に映るようで、『HOUSE』は欧米ではカルト的に人気が高い。批評や感想も追いかけられないほど多く、ファンアートも世界中で描かれるわで、インターネットで見つけるたびにじつはせっせと監督にプリントアウトしてお見せしていたのだが、大林監督は思いのほかすごくよろこんでいた。賞をもらうよりもファンが映画を楽しんでくれることのほうが大林監督のなかでは格段に価値があることのようで、よく「もらっていちばんうれしい賞は観客賞」と公言していたほどだ。

せっかくニューヨークに行くのだからということで、マークさんと合流してそのクライテリオン社に表敬訪問した。裏で千茱萸さんが画策してマークさんと連絡を取り、セッティングしたのだ。

広いオフィスの壁には額装された映画のポスターがずらっと飾られている。居心地の良さそうな試写室や編集室を見学し、通路には「映画やドラマで見たことある」というような、パーティションで区切られた個室のようなデスクが並んでいるのが見える。働くのならこんなところがいいなあといったすばらしい環境だ。文化や映画に敬意を払っていることがびしびしと伝わってくる。

倉庫にはいくつも棚が並び、いままでクライテリオン社でラインナップされた数百の映画コレクションがところ狭しと陳列されている。大林監督は棚に並ぶ映画のコレクションを真剣なまなざしで眺めていた。それこそ僕がＭｏＭＡで絵画を鑑賞していたように、目を皿のようにして。


ニューヨーク最後の夜はめずらしく家族だけで食事をすることになった。

滞在中はあのあとロング・インタビューをもう一度こなし、舞台挨拶も何度か。そのあいだを縫ってロックフェラー・センターのクリスマスツリーを見学したり、グラウンド・ゼロを訪問したりした。マークさん一家と行列に並んでチャイナ・タウンの飲茶《ヤムチャ》も楽しんだし、そのときニューヨークに住まわれていた個人映画時代の盟友・飯村隆彦さんと久しぶりに旧交を温めたりもした。

「お疲れさまでした」

「いやあ、充実」

監督も満足そうだ。

すべての日程をトラブルなく無事に終え、みんなほっとしていた。では乾杯しましょうと家族4人でテーブルについてワインを注文する。すると優しく微笑んだウェイターが37歳の僕の顔をのぞきこんでこう言った。

「年齢確認をさせてください」

そうですか。

監督にできないこと／凝り性／超常的日常

「大林監督ができないことってなんだろうね」

――という話を以前、千茱萸さんとしたことがある。

なにしろ映画は撮るし、歌もピアノもお上手だし、採譜もできる。絵もうまい。講演させたら話がどんどん逸《そ》れていくと思いきや90分後には最初のテーマにつながってダイナミックなまでに伏線回収をしてしまう。僕と出会ったころはさすがにスポーツはしていなかったけど、以前はテニスや乗馬も得意とした。草野球のチームも持っていたそうだ。麻雀《マージャン》も負けはしなかったという。

大食漢でなんでもよく食べたし、酒も強い。いくら飲んでも普段のままで底なしなのだ。いままで酔っぱらったことってありますかと訊いてみると、

「酔っぱらったこと？　ないなあ……ああ、一度だけあるね。あれはジャッキー・チェンと飲んだときにねぇ……」

「え、え、え？」

と聞きかえしてしまったが、くわしく聞くとジャッキー・チェンを起用したコマーシャル撮影のために香港《ホンコン》に行ったときのことらしい。お国柄なのだろう、「干杯《ガアンペイ》」「干杯」とブランデーをおたがいに注《つ》ぎあってわんこそば状態で飲みつづけ、ひとりつぶれ、ふたりつぶれで最終的に大林監督とジャッキーのふたりがのこったらしい。しかし翌日は撮影本番ということもあって明け方近くにハグしてお開きとなり、そのわずか数時間後に大林監督が撮影スタジオに入ったらジャッキーが見あたらない。

「ジャッキーは？」

「まだ来てません」

どうやらジャッキーはホテルで酔いつぶれているらしい。

そうか——と思った瞬間に気がゆるんだのだろう、見上げると天井の照明がぐるぐると回っている。監督は「これが酔っぱらうってことか」と感動したらしい。酔っぱらったのは人生でその1度きりだそうで、ということは、飲みくらべでも負けなしだ。

「うーん、監督ができないことねえ」

うんうん唸《うな》りながらふたりで出した結論が、大林監督は「ひとり暮らしができない」だった。炊事洗濯ができないというわけではない。たぶん「ひとりでいること」に寂しくて耐えられないだろうと思ったのだ。

「ひとりで食事なんて無理だよね」

「無理だよ、無理。誰かといっしょじゃなきゃ。原稿だってリビングで書くくらいだから」

大林監督はリビングで書きものをしていた。それも僕たちが訪ねて大勢でわいわいとおしゃべりしていてもおかまいなしに原稿を書き、あそこに美味しいパン屋ができたなんて話そうものなら、

「パンはすぐ食べないと逃げちゃうからね。ブレッド・ランナー」

などとダジャレを飛ばし、さらにはテレビの音が小さいとボリュームを上げて、その状態でずっと原稿を書くのだ。原稿は生涯万年筆での手書きだったが、それでほぼ書き損じのない原稿を完成させるのだから頭のなかがどうなっているのか不思議だ。

「せっかく監督のために居心地のいい書斎をつくったのに……」

恭子さんはそうため息をついていたけど——別荘とおなじくご自宅の設計をしたの

も恭子さんだ——、ひとりで書斎にこもることは好まなかったのだろう。

「人がしゃべってるのを聞いていたほうが原稿に集中できるんだ。いい刺激になるじゃない？」

監督はそう言っていたが、それもなかなか同意はしにくい。


そんな話をしたあとだったので、恭子さんが股関節の手術で入院をするあいだしばらく監督がひとり暮らしをする——と聞いて驚いた。とはいうものの、ほぼ毎日恭子さんのお見舞いに行って、食事も弁当を買って恭子さんの病室で食べていたので、それがひとり暮らしと呼べるのかは微妙なところである。

ところがだ。

恭子さんの手術は成功したのだがリハビリの最中に病室で転倒し脚を骨折してしまったのだ。なんということだろう。骨折の手術を終えても経過観察やリハビリで入院が必要ということで、医者に訊くとかなり長引きそうだという。

そういったいきさつで、さすがにその期間監督をずっとひとりにさせておくわけにはいかないということになり、恭子さんが退院するまでうちでいっしょに暮らしてもらおうということになった。急なことだったがあわててマットレスを買って千葉奕さんとふたりでえっちらおっちら自宅まで運び、リビングルームの一角を寝床としてもらった。
毎朝目を覚ましてぼーっとしながらリビングに行くとそこに大林監督がいるのだ。なかなかスリリングな目覚めである。

うちにいるあいだ大林監督はなにをしていたかというと、取材などがあれば事務所まで出向いていったが、それもなければリビングのテーブルで原稿を書いたり、ゲラのチェックをしていた。僕たちがおしゃべりしていようが陽気な音楽をかけようが一切関係なく、締切があればそれまでに終わらせるが、締切が曖昧《あいまい》なものは延々と校正をやりつづけた。大林監督は夢中になると時間を忘れ、一度はじめたら足し算、足し算で終わりがないのだ。

どれくらい終わりがないかというと『《転校生》読本』という著作がいい例だ。『転校生　さよならあなた』という『転校生』のセルフリメイク作品をつくるにあたって『転校生』の本をつくりましょうと出版社から提案を受けたのが発端だった。
作業に取りかかったはいいのだが「ジャーナリスティックな内容にしたい」という

監督の要望で映画史をめぐる膨大なテキストが書き下ろされ（ここですでに『転校生』の範疇《はんちゅう》を超えている）、『転校生』にまつわる記事が載っている過去の新聞を片っぱしから取りよせて掲載できるよう手配し（こちらも膨大な量だ）、とり・みきさんにマンガを描き下ろしてもらい（さすがの傑作です）、スナップ写真を現在進行形でどんどん追加し（キャプションも監督みずからつけていった）、思いつく各界の著名人へ原稿依頼をし、原稿が届くとすべてにコメントを返して欄外に記載するよう指示を出し、校正を何度も重ね、ついに『転校生　さよならあなた』の映画公開に間にあわなかったどころかＤＶＤの発売にも間にあわなかったという「事件」があったのだ。その本は最終的に８００ページになり、目次だけでも10ページあるという化け物みたいな一冊になりました。まるっきり鈍器である。

夢中になるのは原稿だけではない。たとえば映画の撮影台本ができると自分の似顔絵や作品にまつわるものが描かれたイラストをコピーして、それをハサミで切って撮影台本の表紙にコラージュした。そこに透明のフィルムをしわひとつなく貼って世界に一冊しかない台本をつくるのだ。あるときなど段ボール箱をガムテープでびっちり養生《ようじょう》して「ビデオテープを収納する丈夫な段ボール箱」をつくっていたし（なぜ……）、旅行で使うスーツケースにもガムテープで模様をつけて遠くからでも識別できるように装飾していたし、凝《こ》り性なんだと思う。

そんな調子なのでうちで集中して仕事をしている大林監督に千茱萸さんがおやつにシュークリームを出したりすると口に入れて「うまいねえ！」と破顔するのだが、その次の瞬間にはうつむいてゲラを見ているということになる。

そんなときは千茱萸さんが「食べるときは食べる！　そんなふうに育てられてないんですけど！」と監督を注意した。大林監督も笑いながらも素直に「はい」と背筋を伸ばしてちゃんと言うことを聞く。そんな様子をはたから眺めて「仲がいいなあ」と思ったものだった。ふたりは「一卵性親子」と言われていただけのことはあってコンビのようなのだ。

仕事が落ち着くとマットレスのうえでストレッチしながら僕がお貸しした山のようなDVDを手あたりしだいに観ていた。夜遅くに観終わって寝るのかなと思いきや「もうひとつ観よう」と観はじめる。毎日少なくとも3、4本の映画を観ていたので、ほんとうに映画が好きなんだなあと感心してしまう。

なので僕も仕事が一段落ついてリビングに行くと大林監督が『ツイン・ピークス』なんかを観ていて「これはいくらでも話をつづけられるね」などと感想を話してくれ刺激的だった。そうか、大林監督は『ツイン・ピークス』をそういう目で観ているのか、と。


「映画をどのような目で観るのか」というのは、僕は大林監督から学んだ。

いや、映画だけじゃない。すべての創作物が対象なのだが、大林監督からその方法を教えてもらい目が開いた瞬間のことをよく覚えている。僕がマンガ家としてデビューする以前のことだ。創作することへの向きあいかたがまだうまくつかめず薄暗い霧のなかを歩いているような時期に、大林監督に誘われて平田《ひらた》オリザさんのお芝居を観に行ったのだ。

その芝居の主人公は異国にいるバックパッカーで、劇の終盤で急に「日本に帰るか」とひとりつぶやくのである。

その感覚は、僕自身が学生時代にバックパッカーだったこともあって身に染みてよく分かった。延々と終わりのないような旅をしていても、不意に「もう、帰ろう」と思う瞬間がやって来るのだ。

当時なぜ僕が海外に出ていたのかというと、その大きな理由のひとつに、日本的な価値観や常識が絶対的・普遍的なものではないということを身をもって体験することにあった。自分の立っている地面はそれほど強固でゆるぎないものではない。いや、それは地面でもなく、現代の日本というかりそめのものにすぎないのだ、と。

しかし、最初は新たに触れる多様な価値観に眩暈のようなよろこびを感じていても、徐々に旅することが「非日常」ではなく「日常」になっていくものだ。新鮮さが失われ、やがて昨日と今日のあいだに横たわる「差異」を発見することができなくなり、「どこへ行ってもおなじだ」と感覚が鈍化していく。

僕がふと「もう、帰ろう」と思うのは、その予兆を感じたときだ。いまなら日本に帰っても日本的価値観に飲みこまれないし、どこへ行ってもおなじだというニヒリズムに堕《お》ちることもない。いまがちょうどそのときだ——という直感が、僕を帰郷へとうながす。

オリザさんのお芝居は、そこまで僕がバックパッカーだったときの感覚をよみがえらせてくれる、胸に迫る作品だった。

芝居を観終わったあと喫茶店に入ると、大林監督から、

「森ちゃんは、あの最後『日本に帰るか』ってセリフどう思った?」

と訊かれた。

僕は先に述べたとおり元バックパッカーとして「よくぞ訊いてくれました! あの感覚には身に覚えがあります!」と熱くたぎる思いを興奮して伝えたところ、大林監督はこう言ったのだ。

「あれは作劇的にね——」

その冒頭のひと言だけで、僕は雷に打たれたような感覚を味わった。

作劇的。

大林監督はつまり、「平田オリザさんはどういう演出目的であのセリフを書いたのか、そのセリフは物語をドライブさせるどのような仕掛けになっているのか」ということを問いたかったのだった。これはひと言でいえばこういうことになる。

大林監督は、「作家の目」で、芝居を観ていた。

いっぽう僕は主人公のバックパッカーの気持ちに「共感」していた。

これはもちろん観客としては正しい。だけど僕はこれから作家＝マンガ家になりたいと思っている人間なのだ。「観客の目」だけで作品を観ていては、作り手の「観客になにをどう伝えるか」という視点を手に入れることはできない。そう、これからは「観客の目」だけではなく「作家の目」でも創作物に触れなければならない。さもないと物語を「演出」することはできないぞ——

そう気づかされたのだ。

薄暗い霧のなかに、さっと光が一筋見えた気がした。

「そうか、作劇的に、ですね。なるほど……」

僕が呆然《ぼうぜん》としていると大林監督はにこにこ笑った。

「おれはミステリもうしろから読むんだ。犯人を知って、それから最初から読むの。そうすると作者がどうやって読者をだまそうとしているか分かるじゃない」

そこまでやるか？　とますますあっけに取られるが、しかし一度そういう「作家の目」を意識して創作物に触れると、映画や芝居のなかでも「観客になにをどう伝えようとしているのか」「そのためにどういう仕掛けをしているのか」という演出が見えてくる。これはマンガ家にとってもなくてはならない視点で、正直いって、このときの監督の「作劇的にね」というひと言がなかったらいまの自分はないというほど僕の作家人生を決定づけてくれた。

恭子さんが入院していた病院がうちから歩いて15分ほどのところにあったので、

「顔のアップといったらスクリーンでは目が横幅3メートルになるんだよ。瞬きしたら嵐が起きるでしょう。劇場映画ならそういうことを考えて演出しないとね――」

などと映画の感想を聞きながらよくいっしょに恭子さんのお見舞いに歩いて行った。なんて至福の時間だったのだろう。

そのころ大林監督も脚がすこし弱っていたのだけど、映画を観ながらストレッチをしていたおかげで歩みも急速に軽やかになっていた。

「脚が動くんだよ」

「もともと健康なんですよ。ちょっとストレッチしただけでそれなんですから」

「そうなんだよね」

大林監督はすれちがう看護師さんひとりのこらず全員に「こんにちは」「こんにちは」と挨拶をしながら病院の通路をすいすい歩いていき、病室のドアを開ける。

「恭子さんや。来たよ」

これが監督の口癖だった。

恭子さんは、監督はもちろんだけど、千茱萸さんがつくったお弁当やポットに入れた熱いコーヒーを心待ちにしていてとてもよろこんでいた。長い入院生活ではあたたかい食べものがうれしいそうだ。

病室では僕も千茱萸さんが淹《い》れてくれた熱いコーヒーを飲みながら、監督と恭子さんの若いころや親族の話を尽きることなくたくさん聞いた。

とにかく大林一族には豪快な逸話が多い。

急になにもない田んぼの真ん中にぽつんと一軒鉄筋コンクリートの病院を建てた祖父だの、特許をたくさん取得した天才的発明家が結婚したとたんに「僕はもう天才じゃなくなりました」と会社を辞めて大学の先生になったという親戚だの、1960年代半ばにどうやって手に入れたか分からないハーレーダビッドソンで神戸から東京にやってきた叔父《おじ》だの、僕の人生ではどうしたって遭遇しないような強烈な個性の人たちばかりが登場する。

このあたりの豪快さは大林一族の特殊性なのか、それとも戦中戦後という時代のなせる特殊性なのか分からないなあと思って話を聞いていたのだけど、大林家はもともとと小林《こばやし》姓で、明治のごたごたのなか監督の祖父が「小さいより大きいほうがよかろう」と勝手に大林姓に変えたと聞いてから「あ、大林一族が特殊なんだな！」と思うようになった。

監督のお母さまである千秋《ちあき》さんの家系・村上《むらかみ》家も、先祖をさかのぼると瀬戸内海《せとないかい》の村上水軍、つまり海賊だったらしい。監督の仲間を率いる統率力みたいなものもそのあたりが出自なのかもしれないし、海賊の末裔《まつえい》じゃあひとりで食事なんて寂しくてできないよななどと思わずへんな納得の仕方もしてしまう。

千秋さんはおまけに「見えないものを見る」能力があったそうで、大林監督の考えられないほどの強運やときおり見せる神がかった力などは――たとえば大雨のなか監督が「大丈夫。もう晴れるよ」と自分の背後を指さしたとたん雨が止《や》んで雲が割れてそこから光が差しこんだみたいなこともたびたびだった。世が世なら祀《まつ》られていたんじゃないかと思う――千秋さんゆずりなのだろう。

尾道にある大林監督の生家というのはじつは千秋さんの実家なのだ――ということも、このときはじめて聞いた。村上家は代々つづく尾道の町医者で、その「村上医院」を監督のお父さまの義彦《よしひこ》さんが継いだのだという。

そもそも義彦さんは、千秋さんと結婚された当時は、岡山医大《おかやまいだい》で先生をしていた。なのでふたりで岡山で新婚生活を送っており、大林監督もそのとき岡山で生まれていたのだが、監督が生まれてすぐ、義彦さんは軍医として兵隊に取られてしまったのだという。ときは太平洋戦争真っただ中である。

軍医としての召集を拒めば一兵卒として最前線に送られる。それならばせめて命を助ける医者として戦地におもむこうと苦渋の選択があったようだ。そんなわけで、千秋さんは岡山のおうちを引き払って、生まれたばかりの息子を連れてご実家の尾道に戻ってきた——というのがことの経緯だそうだ。

戦争が終わって義彦さんが戻ってきたのは出征から5年後のことである。

もともとは在籍していた岡山医大で研究者になるという夢があったそうなのだが、もはやそんな機会も環境も失われてしまっていた。義彦さんのご実家も福山《ふくやま》市金江《かなえ》で代々つづく「大林医院」という町医者なのだが、そちらは義彦さんのお兄さまが継いでいたということもあって、義彦さんは尾道にとどまり村上医院を継いだというわけだ。

義彦さんにはそのような戦争をめぐる個人史があったので、息子・宣彦が医者ではない道を選ぶといったときにも「おまえはおまえの人生を生きなさい」と背中を押してくれたという。

大林監督の親族・親類の話を聞いていると終わりがない。

先ほど名前のあがった劇作家の平田オリザさんもじつは恭子さんのお姉さんの息子なので、大林の家系ではないけれど、監督にとっては義理の甥《おい》にあたる。大林監督が学生時代に住んでいたアパートの隣室に平田穂生《さきお》さんという東宝のシナリオライターが住んでいて、恭子さんが監督の部屋に出入りする関係でお姉さんが穂生さんと知りあい、結婚したのだという。そのおふたりの息子がオリザさんというわけだ。

穂生さんは書いたシナリオが一度も採用にならなかったという伝説的なシナリオライターで、『ゴジラ』のシナリオを依頼されて『スペース・ゴジラ』というシナリオを書いてボツになったそうだ。

「早すぎたねえ」

「監督は読んだんですか？」

「読んだ読んだ。面白かったよ」

うーん、その映画を観てみたかった。

リハビリや検査も頻繁にあったので恭子さんを疲れさせてはいけないと思いつつ、そんな話を聞いているとついついいつも長居してしまう。仕事もあるのでと名残惜しくも病室を失礼しようとすると、監督はだいたい恭子さんのもとに居のこった。

「ひとりで帰れるから」

――とはおっしゃってはいたが、監督が病室を出るときはかならず恭子さんが僕か千葉茵さんのところにメールをくれるので、だいたいどちらかが途中まで迎えに行った。僕たちを見つけると、監督はうれしそうに手を振った。

そんな恭子さんの入院生活も4か月を過ぎたころようやく終わりをむかえた。成城の自宅に戻るとさすがにほっとしたようだった。

「おかえり。がんばったね～」

と千葉茵さんが花束贈呈をする。成城の自宅にいる恭子さんを見ているとやっぱり

「病室なんかよりここにいるのが似あうなあ」と思う。棚や窓辺などいたるところに家族の写真が飾られていて、いつものテーブルにいつもの椅子。華やかな花もいつもの花瓶に生けられた。

驚いたのは、自宅がきれいに改装されていたことだ。脚の骨折もあって、恭子さんもこれからの生活のことを考えたのだろう、リビングルームの一角に浴室とお手洗いができていたのだ。じつは入院生活中に自分で設計して工務店に依頼し、退院するまでには完成するよう手配していたのだという。おそるべき計画性とすばやさである。これで頻繁に2階まであがらなくても生活ができるというわけだ。

よほど楽しみだったのだろうか、監督は恭子さんが退院する何日かまえにはそわそわして単身すでに成城に戻ってきていた。

2014年の春から初夏にかけてのできごとだ。


監督が成城に帰られてからも、仕事が一段落して夜中にひとりで散歩していると、ふと「ああ、この道を監督といっしょに歩いたな」とか「ここで僕に手を振ってくれてたっけな」などと思い出した。そしてそれこそなんとなく、うちに帰ったら監督がリビングで映画でも観ているんじゃないのかな、などという気にもなったりしたのだった。それほど色濃く、大林監督の存在感はあたり一帯の夏の空気に溶けこんでいた。

3・11／『この空の花』／ロースハムの味

２０１１年3月11日、東日本大震災の日、僕は大林監督の事務所ＰＳＣにいた。成城学園前の古いビルにあるその部屋は恐ろしいくらい揺れに揺れた。いや、それは揺れというより、建物ごとぶん回されたような狂暴さで、はじめはデスクの下に隠れようとしたのだがデスク頭上の棚やパソコンのモニタが飛び跳ねるように目のまえに落ちてきてそれもできず、あわててミーティングルームのテーブルの下に駆けこんだ。テーブルの脚をつかみながらも、テーブルといっしょに僕自身も空中に浮いているような感覚だった。目に見えない大勢の人たちにもみくちゃにされているみたいな時間が永遠のようにつづき、僕は生まれてはじめて死を覚悟した。

それでも揺れがおさまってくると、僕はまっさきに千茱萸さんに電話をした。千茱茰さんは試写のために電車で移動していたが、ちょうど目的地の東銀座《ひがしぎんざ》駅に到着した瞬間だったため電車から飛び出してことなきを得ていた。30秒ずれていたら電車のなかに閉じこめられていたところだ。おたがいの無事を確認して、夜は下北沢《しもきたざわ》の自宅で会おうということになった。

「電車は動かないだろうから歩いて帰るかも」

「僕はもうすこし事務所にのこってみる」

「じゃあ、家でね」

「家で」

そうして僕たちは電話を切った。


運がいいことに大林監督夫妻は仕事の都合で大分に行っていた。

たぶん東京のこのとんでもない状況をまだ知らないだろうと思いつつも、ニュースで知って不安になるまえに僕たちの無事の連絡を入れておいたほうがいいと考え、電話がつながるうちに恭子さんに電話をした。

「こっちで大きな地震があったんです。震源地は東北のほうなんですけど、東京もひどい状況なんですよ。僕も千茱茰さんも無事です。しばらくそちらにのこってもらったほうがいいかもしれません。こちらにお戻りになるタイミング、ちょっと相談してみてください」

恭子さんはこちらを気づかって心配してくれていたが、とにかく無事が伝えられてよかったと思い、ひとまず電話を切る。その後、北千住《きたせんじゅ》の実家にいる母に連絡をして、おたがいの無事を確認した。

余震はつづいていた。

事務所はめちゃくちゃだった。

あらゆる棚は倒れ、なかのファイルや書類やＤＶＤなどが部屋中にぶちまけられて足の踏み場もない。壁際のコピー機は部屋の真んなかまで移動しており、トイレの水はあふれ出し、バスルームの壁は割れ、床は波打ったまま時間を止められたように固まっている。

事務所のベランダから外を眺めると、見たことのない濃い雲でおおわれていて、わずかに見える空は奇妙に黄色かった。異界の扉でも開いたかのように見えた。いま思えば地震で東京中の「塵《ちり》」が舞っていたのかもしれない。

結局普段よりも遅い時間まで事務所にのこり、やはり小田急線が復旧しないので歩いて帰ることにした。電話はとっくにつながらなくなっていた。

3月の東京の夜は寒い。僕は肩をまるめながら早足で東へと歩いた。何人かの人がおなじ方向へ黙々と歩いていて、ことばこそ交わさなかったが、仲間がいるようでこころ強く思えた。

下北沢のマンションには千茱萸さんがすでに帰宅していて、驚いたことに地震による被害はほとんどなく、皿1枚割れていなかった。よかったねと言いあい、それでも不安な夜を過ごした。

翌日になっても被害状況の全体像はまだ見えず、おまけに原発がたいへんなようだという情報が耳にはいってくるようになった。大林監督夫妻がいつ東京に戻ってきて、どう再会したのかはまったく覚えていない。それくらい混迷していた。

覚えているのは震災の翌週、大林監督夫妻といっしょににっぽん丸というクルーズ船に乗船したということだ。大林監督がその船で講演をすることになっており、監督自身も決行したほうがいいのか中止にしたほうがいいのか悩まれたようだったが、楽しみにしている人たちがいるのだったらということで乗船を決断した。にっぽん丸は名古屋を発《た》ち、瀬戸内海をクルーズする。途中で尾道も通るのだ。

乗客たちも気持ちが宙吊《ちゅうづ》りのなか、大林監督は震災のこと、平和のこと、映画とその未来について講演で話された。

「映画の歴史は戦争の歴史なんです。たとえばいまのカラーフィルム、当時は総天然色といいましたが、その技術はアメリカ軍が偵察のために開発した『兵器』なんです。そういった戦争の兵器をつかってわれわれは映画をつくっている。いつかその映画で平和をつくれると信じて。

映画の先輩・黒澤明監督は僕にこう言いました。『もし僕が400年生きられるなら映画で平和をつくることができるかもしれない。でも僕は400年生きることはできない。だから大林くん、僕のつづきをやってくれるね』と。

僕は両親ともに代々つづく医者の息子で、僕自身も医者になるつもりで医学部の試験を受けたのですが、その試験の途中で会場を抜け出して別の道に進もうと芸術家を志しました。こうしていまは映画を撮っていますが、3・11を経験したいまほど『医者になっておけばよかった』と思ったことはありません。でも、もしも映画に医学があるとすれば、そういった医者のような、薬のような映画をつくりたいと思っています——」

講演は拍手で終わった。

会場からデッキに出ると、ちょうど巨大な自衛隊の艦隊とすれちがっているところだった。おそらく彼らは被災地に向かっているのだろう。あまりに間近だったので、むこうのデッキにいる人物の顔まで分かるほどだった。まさに兵器である艦隊に乗船している若者があまりにも幼く見え、いまは人助けをしている最中かもしれないけれど、もしも戦争になったらああいう若者がまっさきに犠牲になるのだろうかと震えたのは、監督の話を聞いた直後だったからかもしれない。

僕の携帯電話が鳴って、またひとつ監督の仕事がキャンセルになった。福島県の桜を、開花にあわせてレポートするというテレビ番組がなくなったのだ。それはそうだろう。

その夜、ホタルのような蛍光色のかたまりが波間を踊るようにきらめいているのを目撃した。

「あれが夜光虫《やこうちゅう》だよ」

千茱萸さんがそう教えてくれた。夜光虫を見たのはそのときがはじめてだった。

このとき大林監督は次作の準備をしている最中で、それが『この空の花——長岡花火物語』だった。

長岡は太平洋戦争の末期、1945年8月1日の夜から2日の未明にかけて空襲にあっている。その慰霊のため、毎年8月1日に白菊《しらぎく》という花火を1発打ち上げ、翌2日・3日と長岡まつりと称して慰霊の花火大会を開催する。

大林監督は何年かまえから長岡に行って取材をし、太平洋戦争と慰霊の花火、中越《ちゅうえつ》地震からの復興、そして監督が取材をするなかで体験したことを織りまぜた「セミドキュメンタリー」という手法で映画をつくろうとしていた。しかも主人公の学生たちは空襲を主題にした「お芝居」を演じ、空襲で幼い娘を失った女性は「紙芝居」で語り部をする。そこでは生者も死者も、過去も現在も混在する……。

ただでさえ複雑で何層にもおよぶプロットなのだが、そこにこの震災である。長岡市は相馬《そうま》市からの被災者の受け入れをすばやく決断した。戦争と地震の歴史を語る物語で今回の震災を無視したかたちではつくれない。大林監督は完成していたシナリオを急きょ東日本大震災を織りこんだものに書きあらためることにした。

とはいえ被災地を撮影する意思ははじめからなかったそうだ。

「被災地を映画の『背景』にしてはいけない」

というのが、大林監督の考えだった。現地に入ったら映画人として「いい絵」を探してしまう。しかし、それは人として正気を失っているのではないか。そう考えたようだった。

シナリオの加筆は、監督の希望で長岡で行われることになった。

その場所の空気を感じながら現地で書きたいという思いがあったようだ。まだまだ余震がつづくなか――実際滞在中に大きな地震が何度かあった――何日かにわたり長岡の宿に缶詰めになりながら大林監督は不眠不休のようにしゃかりきに書きすすめた。書き終えたとき大林監督の両肩から背中が石のように硬くなっていた。

僕も同行して、監督が万年筆で書いた原稿をシナリオのフォーマットでノートパソコンに打ちこみ、製作委員会が用意してくれたプリンタで出力した。監督もそこに何度も赤字を入れて推敲《すいこう》していく。

シナリオが完成して製本されると、僕が描いたイラストが表紙に印刷された。こんなに光栄なことはない。

しかしだ。関係者にシナリオが配られるなか、長岡市の担当者からPSCに連絡が入った。シナリオに書かれている「慰安婦」というセリフにどこからかクレームが来たのだという。「慰安婦など存在しない」と。

「そんなクレームは相手にしなくていいですよ、無視してください」とでも言いたかったが、もちろん僕の独断でそんなことはできない。その判断をするのが監督の仕事だからだ。僕はその電話の趣旨を大林監督に伝えた。

「こっちは命がけで書いてるんだからね」

大林監督はわずかの沈黙のあとに、ただひと言そう言った。

いらだっているわけでも、もちろん怒っているわけでもなく、ただ思っていることをふつうに伝えられただけなのだが、そのときの大林監督の真剣な目が忘れがたく印象にのこっている。目を見たら分かるのだ、ほんとうに命がけであるということが。

もちろんセリフはそのままで修正することはなかった。

だがひとたび戦争について語ろうとすると思いもよらないところから反発がやってくるものだということを、僕はこのとき胸にとどめた。

東京に戻れば、大林監督の事務所のかたづけのつづきだ。

棚やファイルはもとに戻しても、中身がばらけてしまった写真や書類などが山ほどある。そんな写真のなかに監督と山口百恵《やまぐちももえ》さんがテニスをしていたり、石田《いしだ》ひかりさんと尾道で食事をしていたり、監督が尾美《おみ》としのりさんのあたまを坊主に刈っているところ（俳優事務所に内緒でやったらしい。ふたりともやんちゃそうに笑っている）――みたいなお宝がごろごろしていて、なかなかかたづけに集中できず見つけるたびに「うわ」とか「おお」などと手を震わしていた。

事務所の棚のてっぺんから落ちてきた段ボール箱には、なにを撮影したのか不明の8ミリや16ミリのフィルムも入っていた。

「うーん、なんだろうねえ……」

ほんとうに記憶にないようだった。後日フィルムをデータ化して見てもらっても、それがなんの目的でつくられたものなのか監督も恭子さんも覚えていないというものもあった。仕事量も気が遠くなるほど多く、次から次へとコマーシャルや映画をつくり、撮影をして編集して……という数十年。

「そのときのことで精いっぱいだよ。よく働いてた」

大林監督はことあるごとにそう言い、実際にそのとおりなのだろうが、またいろいろと忘れてしまうまえにたくさんお話を聞いておかないとなと思ったのだった。

『この空の花』には「山下清《やましたきよし》」が登場する。じっさいに長岡を訪れて、花火の貼り絵を作成しているのだ。その山下清の配役に石川浩司《いしかわこうじ》さんを推薦したのは千茱萸さんだ。

もともと「たま」というバンドでランニングを着ていて山下清を彷彿《ほうふつ》とさせていた石川さんは、たまを解散後パスカルズという14人編成のバンドに加わって活動をされていた。僕がそのバンドのファンで千茱萸さんを誘ってライブに行ったところ、メンバーのひとりが千茱萸さんのお知りあいだったこともあって、なにかと親しくさせていただいていたのだ。

石川さんが山下清役を引き受けてくれたところで千茱萸さんが監督に、

「石川さんはバンドをやっているのでメンバーに来てもらって大団円で演奏してもらうといいと思う」

とさらに「追い推薦」をして、その配役とシーンが加わり、パスカルズの名曲「花火」が生まれた。父も父なら、娘も「足し算」だ。

こんなふうに「いいね」と思われるアイデアは、大林監督はどんどん積極的に取りこんだ。そう、足し算の人だからだ。とくに恭子さん、千茱萸さんの推薦やつながりへの信頼はあつかった。

楽曲ということでいえば、二〇〇六年にこんな奇跡のようなことがあった。

僕は当時、シンガーソングライターの寺尾紗穂《てらおさほ》さんのライブがあると、都内や近郊であればかならず足を運んでいた。何度か千茱萸さんも誘っていたのだがタイミングがあわず、やっと来られたライブで、僕もまだ聴いたことがなかった新曲「さよならの歌」が演奏された。

ふと横を見ると、千茱萸さんは「さよならあなた」と歌う寺尾さんにことばを失っている。

ね、誘ってよかったでしょう、すごいでしょうとまるで自分の手柄のようにそう声をかけると、千茱萸さんは尋常じゃない表情をして僕の腕をつかんだ。

「ここに来るまえの会議で、監督の『転校生』のセルフリメイクのタイトルを『転校生　さよならあなた』に決めてきたところなの」

これは呼ばれているにちがいない——千茱萸さんの直感はそう告げた。ということで千茱萸さんはその場で算段をつけて、「さよならの歌」が映画の主題歌になることとなった。

こういうとき大林監督もフットワークが軽く、あっという間に「さよならの歌」をシナリオのなかに組みこんで「音楽映画」にしてしまった。もしも千葉茰さんが来られたのが別の日のライブだったら「さよならの歌」は演奏されていなかったので、このような魔法はおこらなかったわけだから、さすがの引きの強さとしか言いようがない。

おなじような魔法が『その日のまえに』でもあった。

チェロで弾き語りをするストリートミュージシャンを登場させることになったのだが、宮沢賢治《みやざわけんじ》がモチーフになっているので、大林監督はそのミュージシャンにこう名前をつけたのだ。

「くらむぼん」と。

宮沢賢治といってもいろいろあるだろうに、くらむぼんである。当然スリーピース・バンドのクラムボンを思いおこすわけだけど、大林監督はそんなことは知らずに名づけている。これもまた「呼ばれている」としか言いようがない。

「それは当然クラムボンに主題歌お願いすべきだよ」

「だよね、そういう運命だよね」

千茱萸さんが監督に提案したところ話はとんとん拍子で進み、なんとクラムボンが宮沢賢治の「永訣《えいけつ》の朝　抄」をテーマ曲にしてくれることになった。華麗な「伏線回収」だ。

この話にはさらにつづきがある。

レコーディングに立ち会った千茱萸さんがクラムボンのボーカル・原田郁子《はらだいくこ》さんからびっくりの情報を教えてもらったのだ。原田郁子さんがユニットも組んでいるハナレグミの永積《ながづみ》タカシさんが、大林監督の親戚なのだという。

「え、永積さんが大林監督の親戚!?」

僕が驚いて千茱萸さんにそう言うと、

「それだけじゃないの。小山田《おやまだ》くんのほうが大林には近いって永積くんが言ってるらしくて」

「小山田くん?」

「コーネリアスの小山田圭吾《けいご》くん」

「すげえ」

大ファンだったハナレグミ、コーネリアスが急に親戚になったのでしばらく音楽を聴くときに混乱したのだけど、大林監督に訊いてみると、たしかに永積も小山田も親戚にいるという。

「永積といえば靖子《やすこ》さんって人がいてね、1960年代に単身ロンドンに渡って暗黒舞踏をしてたんだよ」

というので芸術家の一族なのだろう。

聞くところによるとロンドン時代につきあいのあったブライアン・イーノに「禅」を教えたのが靖子さんとのことなので、ひょっとしてその出会いがなかったらアンビエント・ミュージックの歴史は変わっていたのかもしれない。いや、ほんとうに。

小山田圭吾さんの叔母《おば》の旦那さんが、血はつながってないけどちょうど家系図をつくってくれているというので、機会があったらお会いしてみんなで家系図を見ましょうなんて話も出たのだが、その叔母の旦那さんが「中林《なかばやし》さん」だという。

小林から大林に姓を変えた大林一族のまえに中林さんがあらわれてこれいかに、なんて思っていたら、後日その中林さんというのが日本版画界を代表する中林忠良《ただよし》さんだったのでまたひっくりかえってしまった。

それにしても、なにも知らずに名づけた「くらむぼん」からクラムボンの主題歌が生まれ、怒濤《どとう》の親戚づきあいがはじまるなんて奇跡みたいなことがあるのだろうか。あるのである。大林監督と人生をともにしていると、それはもうよく起こる。あまりにもしょっちゅう起こるので、だんだんと「まあ、そういうこともあるよね。だって大林監督だもん」と開きなおるほどである。

『この空の花』にはもちろん長岡空襲のシーンがあるのだが、焼夷弾《しょういだん》が降りそそぐ町並みを見ながら、尾美としのりさんが娘にこうつぶやくセリフがある。

「よく見ておきなさい」

そう、これは東京大空襲のときに恭子さんのお父さまが、当時6歳だった恭子さんに言ったことばである。大林監督のなかに堆積されたありとあらゆる記憶が、しかるべきタイミングでカットインされて、映画という芸術につながっていく。

こうして恭子さんの個人的な体験が大林監督の映画の一部としてスクリーンに立ちあらわれ、おまけにそのセリフを言うのが、かつて監督に「僕の分身」と言わしめた尾美さんである。尾美さんは一時期「大林映画ばかりに出たくない」と大林監督のもとを離れていたのだが、ご自身から大林映画に参加させてほしいとラブコールがあって、17年ぶりの「帰郷」になるわけである。いくつもの現実と虚構が折り重なって、僕はこのシーンを観るとかならず涙が流れてしまう。

尾美としのりさんの娘はこのあと焼夷弾の雨のなかを命からがら生きのびるが、彼女が抱えていた赤ん坊は柿川《かきがわ》で亡くなってしまう。その赤ん坊が元木花《もときはな》という名の少女としてよみがえり、学生たちと柿川に舞台をつくり空襲のお芝居を演じる。そこに時空をこえて山下清があらわれてこう言うのだ。

「世界中の爆弾を花火にして打ち上げたら、世界から戦争がなくなるのにな」

これは山下清のことばである。


恭子さんは降りそそぐ焼夷弾のなか、前日に満州《まんしゅう》から帰ってきた歳のはなれたお兄さまにおぶわれて逃げたという。

「映画やドラマでは東京大空襲の炎は赤いでしょう。でもわたしの見た炎は青かった。ガスが燃えていたの」

恭子さんはお兄さまの背中で、両手にロースハムをかかえていた。それは、そのお兄さまが満州から持って帰ってきてくれた、日本では手に入らない貴重なものだった。

「それ以上美味しいハムは食べたことはないわ」

恭子さんはそう言う。

大林監督にしても恭子さんにしても「命がけ」というときにおそらく胸にあるのは、そういったご自身の経験・記憶なのだろう。

立ち会った取材で大林監督はこう言っていた。

「この映画は記録じゃなくて記憶です。記録だと目をそむけたくなるから。そういった写実的な記録ではなくて、芸術的な記憶であれば、人は忘れない。それがピカソが『ゲルニカ』でやったことです」

忘れない。風化させない。記憶はこうやって芸術になって、世代をこえて受け継がれていくのだということを、僕は大林監督から学んだ。


映画が完成したあと、大林監督は被災地・福島をはじめて訪れた。

そこに、崩れ落ちた校舎のがれきに花を描いて震災を風化させない「花がれき」という運動をしている学生たちがいた。これもまた「記録」ではなく「記憶」の芸術だと感激した大林監督は、東京に戻ってから手紙を書こうと、先生からもらった名刺を取り出した。

「ええ、そんなことある?」

監督が驚いたのにはわけがある。その住所が「元木」だったからだ。

元木の、花がれき。

元木花。

そういったことに慣れていた僕でもさすがに「大林監督だから」と開きなおること

もできないくらい驚いた。「呼ばれていた」のだろう。

するっと／水平思考？／ショパンになりたい

あるとき大林監督から、
「森ちゃんとはするっと会っちゃったからね、千茱萸さんの病室で」
と言われて一瞬、おや、なんのことだろうと思ったけどそうか、大林監督は千茱萸さんの病室で会ったときにはじめて僕のことを「千茱萸さんのお相手」と認識したのだなと思いいたった。千茱萸さんが最初の乳がんの手術をした年だから2005年のことだ。

それまでにも大林監督とは何度かお会いはしていた。
たとえばこの連載の第1回目で書いた大林監督のご自宅のパーティに招かれたとき

がそうだし、その前後で大林監督の講演に出かけたこともある。

「映画といったらいまは90分とか120分くらいのものという常識があるでしょう。それは単に商業映画の形式なんです。10秒の映画があってもいいじゃない。観るのに3日間かかる映画があってもいいじゃない。劇映画とドキュメンタリーしかないのだって不便でしょう？

よく誰の映画に影響を受けましたかなんて訊かれますけど、僕のお師匠はただひとり、映画を発明したエジソンです」

僕はそのころ会社勤めをしていたのだけど「そういえば子供のころ絵を描くのが好きだったなあ」と思い出してふたたび絵を描きはじめ、作品が公募ポスターに選ばれたり、マンガが小さい賞を取ったりしはじめたころだった。すこしずつ見えてきた「やりたいこと」の輪郭と大林監督の話がリンクしてものすごく感銘を受けたのを覚えている。講演終了後は打ち上げに参加させてもらい、大林監督から話をうかがいたくさん刺激を受けた。

おなじ時期に『理由』の撮影現場を見学させてもらったこともあった。

たまたま当時僕が住んでいた高円寺《こうえんじ》でロケがあって、たしかその日が週末だったので、じゃあタイミングいいしということで千茱萸さんが案内してくれたのだ。雑居ビルのオフィスで俳優さんもいらっしゃったのだが、生まれてはじめてのプロの撮影現場だったので緊張して、邪魔にならないように後ろのほうで小さくなっていた。大勢の関係者がひしめきあっているなか千茱萸さんをとおして監督と簡単に挨拶はしたが、一瞬のことだったのでたぶん誰かも分かっていなかったと思うし、分かっていたとしてもまだそのころは千茱萸さんとは友人関係だったころで、僕個人も「千茱萸さんの友人のひとり」というスタンスではあったのだ。

その後千茱萸さんとおつきあいすることになり、その数か月後、これは運よくというべきだろう、千茱萸さんに乳がんが見つかったのだけどかなりの早期発見だったため、手術は必要ですが命にかかわることにはなりません、つきましてはご家族に説明を――ということで有明《ありあけ》に移転したばかりのがん研《けん》に集まったのだ。そのときが監督が言ったその「するっと会っちゃった」というときだ。

考えてみれば「千茱萸さんとおつきあいさせていただいてます」みたいな挨拶をしなかったような気もする。手術のことで頭がいっぱいだったし、僕としてはもうすでに何度もお会いしていたのですっかり失念していたらしいのだ。

もちろん手術は受けるとして、それとはべつに免疫力は上げておいたほうがいいということで、大林監督もご自身がお世話になっていた漢方の先生のところに千茱萸さんを連れていくことになった。

普段は身だしなみのようにサングラスをしている大林監督だが、家にいるときはサングラスを外し、メガネもしないで生活をしていた。裸眼で映画を観て、本を読み、原稿を書いた。つまり老眼がなかったのだ。以前はサングラスにも度を入れるほどの近眼だったというが、それも「治った」という。

「いま、近眼が治ったっておっしゃいました？」

「治っちゃったの、漢方薬飲んだら。いま視力1・5あるんだよ」

その先生の処方する漢方薬の効力は飲んだ人によってちがうらしいのだが、確実に「なにか」には効くのだという。

「監督は目に効きましたか！」

漢方の先生はそう言っていたそうだ。

その世界では有名な先生で、毛生え薬を調合したんですとおっしゃってしばらくしてお目にかかったら白髪にまじって冗談のように黒髪が生えていて度肝を抜かれた。

「大林監督、あなたはつねに崖のうえで前のめりになって落っこちそうになってるんですけど、正面からものすごい逆風に吹かれてるんで落っこちないんですよ。風が止まったら真っ逆さまです」

——というのがその先生による大林監督の見立てらしい。笑ってしまうくらい目に浮かぶ。

脈診を受けて漢方を処方してもらい、それにくわえて千茱萸さんは先生指導のもと食事制限をすることになった。これがたいへんだった。制限は食材から調味料にまで至るので、きっちり守ろうとするとまず外食はできない。フランス料理の先生など「食」を仕事にしている千茱萸さんにはつらい制限だ。しかも「食べた食事の写真を撮って、次回持ってきて」という。

「ぜんぶですか？」

「ええ、逐一」

どういうことか分からなかったのでとりあえずサムネイル状にならべた写真をプリントアウトして持っていくと、先生はその1センチ×2センチの写真を指でつつつーとなぞっていき、

「これとこれとこれ。あまり気がよろしくない」

といくつかの食事にバツをつけた。

写真のサムネイルから「気」を読み取るというにわかには信じがたい診断をされる先生に内心「ほんとかなあ」とさすがにちょっと勘ぐってしまうし、食事は指定どおりの食材・調味料で千葉茵さんが自分の手でつくっているのでなにがいけないのか分からない——と思って半泣きになりながら日記を読みかえすと、先生が指摘した食事のときのみ電子レンジを使っていることが分かった。それが原因かは定かではないが、偶然とも思えない確率だ。


一度だけ僕もその先生に脈診してもらったことがある。

「ついでだからちょっと診てみましょうか」

とご厚意にあずかり、1分ほど脈を診て言われたのが、

「疳《かん》の虫がたってる」

とひと言だったので、めちゃくちゃ恥ずかしかった。赤ちゃんか、僕は。

監督もそれを聞いてさすがに笑っていた。


千葉茵さんはじつはその後、手術を受けたはいいが患部を一部取り損ねたことが分かり、翌年もう一度手術を受けなおすことになってしまった。

なのでその食事制限もぜんぶで2年間にもおよび、食べられるものを探すのを楽しんではいたけれど、それでも苦労は多そうだった。

ふたりでいっしょの食事をしようとしても、制限のある食事を森ちゃんにこうも毎日つきあってもらうのは忍びない、今日は別々に食事をしようと申し出てくれるのだが、千茱萸さんもほんとうは大林監督とおなじくひとりでごはんを食べることができない。食べられるものが限られているということよりも、孤食がつらそうなのだ。大勢でにぎやかにわいわいとやる海賊の血筋なのだろう。


そういう意味では大林監督のお母さま・千秋さん――村上水軍の末裔――の血は、千茱萸さんに色濃く受け継がれている気がする。仲間たちとわいわいとやるのが好きなのもそうだが、じつは千茱萸さんも千秋さん同様「見えないものが見える」ことがあって、たびたび啞然《あぜん》とするできごとに遭遇していた。

それこそ高円寺のアパートでのことだ。千茱萸さんがトイレから戻ってきながら信じられないくらい大爆笑している。

「え？　なになに？　どうした？」

「あのね、あはは、いいことだから言うけどね、お手洗いにいたの！」

絶句である。

い、いた？

だ、だ、誰が？

「お手洗いに入ったとたんパンパカパーン、パンパカパーンってファンファーレが鳴ったの！」

「パンパカパーン？」

「それで肩こりが治ったの！」

ファンファーレから肩こりへの脈絡がまったくつかめないが、千茱萸さんが言うにはどうもそういうことらしい（いや、どういうことだ分からない）。

千茱萸さんはいいことだと言うけれど誰かのいるトイレを使うというのもなんだか気がすすまないし、その後おなじアパートで夜中にうなされたり、何度も来ている千茱萸さんがなぜか3時間近く道に迷ってたどり着かなかったりしたこともあって、早々に千茱萸さんの住んでいる下北沢に引っ越した。

じつは乳がんが発覚したのがその引っ越しの直後だったので、僕は毎日のように会社帰りに千茱萸さんの家に立ち寄ってなにかとフォローすることができ、ひょっとしたらそれも「呼ばれていた」のではないかとちょっと思っている。

またあるとき千茱萸さんは――それは僕が出会うまえの話だけど――、水ぼうそうで死にかけたことがあった。夢のなかで千茱萸さんはきらきら輝くうつくしい湖にやってきた。どうしてもその湖に行きたいと思い柵を乗りこえようとしたところ、そばにあった小屋からお世話になった薩谷《さつや》和夫《かずお》さんが出てきた。

薩谷さんは東宝撮影所の美術監督だったのだが、『ＨＯＵＳＥ』で大林監督と仕事をしてからは「今後は大林組とだけ仕事をする」と退所されて、『はるか、ノスタルジィ』まで大林監督の相棒として大林映画に寄り添ってくださったかただ。千茱萸さんも薩谷さんを慕い、いくつもの現場で美術助手として働いていたのだが、惜しくも若くして亡くなられてしまった。そんな師匠でもある薩谷さんがその湖畔にあらわれて、

「ちーちゃんはまだ早いから」

と千茱萸さんを押しかえしたのだという。押されてわーっとどこかへ落っこちたまま目を覚ましたら病室で、一命をとりとめたということがあったという。

「まだ肩にその手の感触がのこってる」

と千茱萸さんは話してくれたけど、この話にはつづきがある。意識を回復した千茱

英さんがもうろうとしたまま病室でつけっぱなしのテレビに目をやった瞬間、大相撲の中継で砂かぶり席にいる大林監督夫妻が映っていたのだ。これもものすごい確率だ。

「わたしが死にかけてるのに！」

いまはもう笑い話である。


2度目の手術が成功し、経過も良好というころ、僕は僕で会社勤めをこのままつづけていくのか迷っていた。

仕事をしながら絵やマンガを描いていたのだがいかんせん時間が足りない。大林一家と関わりが深くなっていくごとに創作することへの意欲がどんどんと増していき、やりたいこと、描きたいことがあたまのなかであふれてくるのだ。

それと同時に職場の様子もさま変わりしはじめていた。

勤めていた会社が買収されて業務形態が変わることになり、移転を何度か繰りかえし、休日出勤させられたと思ったら今度はコンサルによる企業セミナーへの参加が強制され、その内容が「となりの席の人はライバルだ！　競争力をつけよう！」だったものでさすがにあきれてつきあいきれないと思いはじめていた。当時の自分の写真を見るとびっくりするほどげっそりとしている。

僕は基本的にあまり愚痴を言わない人間なのだけどさすがにいろいろと限界で、

「ちょっといいかな……」

と散歩の途中で千茱萸さんに職場の不満を聞いてもらった。するとセミナーの内容を話している途中で千茱萸さんはすぐに、

「そんなの陳腐！」

と商店街のまんなかで大きな声で叫んだ。そしてそのまま間髪を容れず僕のお尻をガッとつかんで、

「ここは臀部《でんぶ》！」

と父親ゆずりのダジャレを叩《たた》きつけた。

僕は商店街の真ん中で膝から崩れおちたわけなんだけど、それでもなんとなく「この人がいっしょなら会社辞めても大丈夫かもしれない」と不思議と確信が持て、そんなきっかけで退職を決めることになった。これが語り草の臀部退職事件だ。

のちにそのときの話をすると千茱萸さんは、

「ダジャレを言うのは大林の呪われた血だから」

と父親に責任転嫁しようとした。

大林監督はそれを聞いて反論した。

「ちがうんだ。おれのはダジャレじゃないんだ」

「ダジャレじゃなかったらなんなんですか？」

「水平思考なんだよ」

「水平思考」

「垂直思考よりむずかしいんだよ？」

なるほど。水平思考。そうか。うん。なるほど。


というわけで、めでたくというか、千茱萸さんも食事制限をすこしずつ解除していくというタイミングで僕も会社を辞めたので、そのころ毎年のようにおじゃまさせてもらっていた尾道の別荘でも例年よりも長くゆっくりと滞在し、家族みんなで朱華《しゅうか》園《えん》で中華そばを食べたり（おれが子供のころは屋台だったんだよ——と監督は教えてくれた）、『転校生』の舞台にもなった茶房こもんでワッフルを食べたり、尾道玉扇《ぎょくせん》でお好み焼きを食べたりした。食べてばかりだが、尾道に帰るとかならず寄るなじみのお店というのがいくつもあった。

おなかを満たすと大林家のお墓参りをして、それから西願寺《さいがんじ》さんに移動し、今度は薩谷さんのお墓に手をあわせた。薩谷さんはご自身の希望で『さびしんぼう』の舞台になった西願寺さんに眠っているのだ。

そして尾道からすこし行った三原《みはら》に居をかまえる大林監督の弟・明彦《あきひこ》さんのご一家を訪ねた。


明彦さんは代々医者の家系である大林家の伝統にのっとりお医者をされている。お会いするのはこのときがはじめてだったがあたたかく迎えいれてくれ、家族内ではお好み焼きを焼くのが得意ということで評判らしく、「おなじみの」という感じでお好み焼きを焼いてくださり、みんなでお昼から美味しくいただいた。

食後、千茱萸さんが庭を案内してくれた。邸宅は丘のうえの一軒家で、眼下におだやかな瀬戸内海が広がっていた。多島海らしくすぐ向こうには起伏豊かな島々が迫っている。その波間を小さいタンカーが西から東へ音もなく横切っていて、5月のさわやかな日差しがその航跡をきらきらと輝かせていた。瀬戸内の海を見ていると時間を忘れてしまう。海の見えるおうちなんて素敵だなあなんて思いながら家のなかにもどると、大林監督がリビングのピアノを弾いていた。

大林監督はそこにピアノがあればかならず弾いた。ホテルのラウンジ、レストランの片隅、おじゃましたお宅などどこでもだ。

そのとき演奏していた楽曲は「愛の讃歌」「なごり雪」、マンダムのCMソング「男の世界」などをまじえて即興なのだが、そこは大林監督なので鍵盤の左端から右端まですべて使ってますというサービス満点でドラマチックなアレンジで、一度聴いたら病みつきになる。至福の時間だ。大林監督のピアノの腕前はそれこそプロ並みで、むかしほんとうにロサンゼルスでスカウトされたことがあるという。

「ホテルに置いてあったピアノを弾いてたら支配人がやってきて、うちで専属のピアニストにならないかって」

提示された給料は目玉が飛び出る額だったという。

「すごい。断っちゃったんですか」

「うん、断っちゃった。あれを引き受けてたら人生が変わってた。いまごろロサンゼルスに豪邸が建ってたかもね。もったいないことした」

恭子さんがはじめて大林監督を見たのもピアノを演奏しているところだったという。ふたりが大学生のときだ。

医者になるために上京してきた大林青年は慶應《けいおう》大学医学部の入試の途中で「おれは芸術の道を行く」と決意して試験会場を抜け出し、一年浪人したのち成城大学の芸術コースに進んだ。だが入学してからほとんど授業には出席しないで同人誌に小説を書いたり、父親から譲り受けた8ミリで個人映画をつくったり、毎日のように講堂のピアノでショパンやリストを弾いていたという。みごとな演奏に黒山の人だかりで、そのなかに恭子さんもいたというからおふたりの出会いもピアノが取り持ったといっていいかもしれない。このとき大林青年は20歳、恭子さんは19歳で、恭子さんから見た大林監督の第一印象は、

「キザな人！」

だったという。黒いベレー帽をかぶり、黒いロングコートに緑のスカーフを巻いてピアノを弾いていたからだ。


ピアノがお上手なのもそのはずで、大林監督の実家にピアノがあって幼少のころからたしなんでいたのだという。とはいえ最初は――

「蔵にあったんだけど、でも音は出ないの」

「音が出ない？」

「弦がないんだ。供出されて」

監督が子供のころは太平洋戦争真っただなか。戦争末期になると金属が足りず、ピ

アノ線や寺の鐘なども問答無用で国に持っていかれた。

「だからおれはピアノを白と黒の積み木だと思ってた」

戦争が終わって弦をもとに戻されてからは、それはもう面白くて「音の出る積み木」としてピアノで遊んだのだという。

「森ちゃん、『楽聖ショパン』って映画観たことある？　ショパンが最後、ピアノを演奏しながら吐血するんだよ。それをやりたくてね……」

大林監督、中学のときに全校生徒のまえでピアノを弾く機会があった。そこでその「吐血」をやらねばおれはショパンになれないと考えた大林少年は母親の千秋さんに相談した。

「それは宣彦、トマトケチャップを水で薄めてあらかじめ口のなかに含ませておくんだよ」

さすが海賊の末裔だけあってぶっ飛んだアドバイスだ。

大林少年も「なるほど！」と素直に納得して、全校生徒のまえで「英雄ポロネーズ」を弾きながらケチャップを吐いて、ピアノの上に突っ伏した。映画では大拍手で幕となるのだが現実では咳《せき》ひとつなく静まりかえったという。それはそうだ。ピアノはケチャップまみれになり、修繕が必要になった。大林少年も校長に叱られたという。

だけど、

「あとから知ったんだけど、おふくろがあらかじめ学校に弁償金を渡してたんだよ。これから息子がピアノを壊しますからって」

さすが監督のお母さま、一枚上手《うわて》だ。


信じられないことに、監督は映画館で耳にした映画音楽は一度聴いたらすぐに弾けたという。なんだろうその才能は。そんなことほんとうにあるのかなと思ったら、千茱萸さんも子供のころはおなじく映画館で一度聴いた音楽はすらすらと弾けたというのでどうも遺伝らしい。

「映画館で『ロシュフォールの恋人たち』を観てうちに帰ったら千茱萸さんが主題曲を弾いたの。この子は天才だって思ったのよ」

恭子さんもそう言う。

『ロシュフォールの恋人たち』の公開は1967年だから千茱萸さんが3歳のとき。そりゃあ神童だ。しかし残念ながら幼少期に習いに行ったピアノの先生と馬があわず、千茱萸さんはじきにピアノを弾かなくなった。ほんとうに惜しいことをした。

明彦さんのおうちでワインを飲みながら監督のピアノに耳をかたむけていると、ロマンチックで、センチメンタルで、まるで大林映画のなかにいるようだ。

すると、演奏している監督の横に千茱萸さんがさっと入り、いたずらっぽい顔をしてテン、トンと2本指で2音弾いた。その瞬間、監督は千茱萸さんがなんの伴奏を弾いているのか察して、待ってましたとばかりに監督も2本指になって「チョップスティックス」を連弾しはじめた。

「チョップスティックス」は2本指で演奏できる初心者向けの練習曲だ。

めったに弾かない曲なのにたった2音で千茱萸さんの意図を理解してしまう息のあいかたがさすが「一卵性親子」で、テントンテントンと繰りかえす千茱萸さんを伴奏に、監督もにこにこしながらシンプルなメロディを繰りかえし演奏する。繰りかえしていくうちに次第に監督もヒートアップして跳ねるように、踊るようにアレンジをくわえていき、そんな二人三脚が延々とつづいた。「ピアノを弾く」というより「音の積み木で遊ぶ」といった愉快な時間だ。

「森ちゃんでもできるよ。やってごらんよ」

千茱萸さんにうながされて教えてもらった白鍵ふたつを指2本で交互にテン、トン、テン、トンと繰りかえす。大林監督がそれにあわせて「チョップスティックス」を演奏してくれた。楽器をなにひとつ弾けないぼくはテンポを維持するだけで精一杯だったが、それでも自分が音楽の一部になっているのを感じられた。

思えば、最初で最後のピアノの共演だった。


最近千茱萸さんと話をしているとき、むかし監督が千茱萸さんの歌をつくってくれたという話になった。

「わたしが3つのころね。監督、よくうたってくれてたの。ピアノを弾きながら」

「まだ覚えてる?」

「もちろん」

それはこんなかわいい歌だった。

ちんちんちぐみ
かわいいね
ぱぱとちぐみは
こいびとよ
ちゃんちゃん

好物／ご縁ですね／尾道と芦別をめぐる冒険

なんでもよく食べる大林監督だけど、いつだったたか、

「昨日はじめてカツカレーを食べたよ」

とちょっと困った顔をしていたことがあって驚いた。トンカツもカレーも監督の好物で、トンカツなんて心臓の手術のまえに病院を抜け出して食べたほど愛しているのに、いまのいままでカツカレーは食べたことがない？

「カツはカツで食べたいし、カレーはカレーで食べたいじゃない。出されたからいただいたけど」

「相乗効果で美味しくなかったですか？」

「美味しいけど、はっきりしないじゃない？」

「はっきりしない？」

「カツなのかカレーなのか」

どうも、「はっきりしないもの」が得意ではないらしい。

「ヨーグルトを食べられるようになったのも最近なんだ。あれもダメだった。食べものか飲みものかはっきりしないから」


意外に苦手なものもあるんだなあなどと思いつつ、いろいろ話をしていると「しょっぱいおせんべいはそれほどでも」みたいな細かい好みはあるようだった。幼少期、尾道にはしょっぱいおせんべいがなかったというのだ。

「尾道のせんべいは甘いんだ」

しょっぱいおせんべいは上京してはじめて食べて面食らったという。たしかにおせんべいの詰めあわせなどがあると監督は好んで砂糖をまぶしてある甘いものをつまんだ。

逆に、東京生まれの恭子さんは尾道に来てはじめて甘いせんべいを食べた。やはりせんべいはしょっぱくないとと思ったようで、以降尾道に行くときは草加《そうか》せんべいをかばんに入れて運んだという。大学のころはいつもおせんべいを食べていたのであだ名が「おせんべいの恭子ちゃん」だったほどなのだ。しびれる。

それでいうと監督の幼少期、尾道には納豆《なっとう》もなかった。

「尾道で納豆といったら甘納豆のことなんだよ。子供のころNHKでラジオドラマを聴いてたら納豆売りが出てくるんだよ。納豆〜納豆〜って。おれはずっと、東京では甘納豆を売りにくるんだと思ってた」

蕎麦《そば》も東京に出てはじめて見たという。

「はじめて見たとき、なんだこのやせ細ったうどんはと思ったの」

「尾道はうどんの文化ですもんね」

「しかも汁が真っ黒じゃない？」

「しょうゆですから、関東は」

「大学で友達ができて、今日はおれがおごってやるって蕎麦屋に連れていかれたんだよ。成城の駅前にあって。それで出てきたのが細くて真っ黒で、こんなものを食べさせるなんておれを田舎者だとバカにしてるのかと思った」

のちのち蕎麦は大林監督の好物になったが（よく成城の増田屋《ますだや》さんに連れていってもらった）、当時はよほど奇異《きい》な食べものに見えたのだろう。監督が上京した195

0年代、蕎麦がまだ全国区ではなかったということに驚きだ。

肉がなかなか手に入らなかった戦中戦後、尾道ではまつたけを肉の代用食にしていたという。

「むかしは裏の山でそれはたくさん採《と》れたんだよ。ぜんぜん貴重なものじゃなかった。すき焼きの肉の代わりによくまつたけを入れたなあ」

漁港の町なので魚もたくさん捕れた。

いまでもわずかにのこっているけれど、尾道には手押し車に捕れたての魚をのせて売り歩く「晩寄《ばんよ》り」という人たちがいる。その人たちから魚を買うとその場でお望みのかたちに調理してくれるのだ。

「魚はある程度食べたらのこりを猫にやってたんだ」

「贅沢《ぜいたく》ですねえ」

「そのころは魚もたくさん捕れたからねえ。それにうちが医者でしょう？　支払いできない人たちがお金の代わりに魚や野菜を持ってきてくれるんだ。だからうちはお金はなかったけど、食べものはあった」

監督に連れられて恭子さんがはじめて尾道を訪ねたとき、あまりにきれいに魚を食べたため、ここでもあだ名がついた。「猫泣かせの恭子さん」と。しびれる。

町の人がくれたのは魚や野菜ばかりじゃない。

尾道は港町だ。海外からめずらしい舶来品《はくらい》が入ると旧家ということもあって大林医院に集まったという。その「舶来品」のなかにブリキの映写機があり、大林監督は幼少期にそれを蔵のなかで発見して、おもちゃとして遊んでいた。かたちが機関車のようなのではじめは汽車遊びをして、やがて乳剤の落ちたフィルムに自分で絵を描けばそれが動くことが分かり、映画館で映画を観るよりも先に映画をつくっていたという。どなたか評論家が大林監督のことを「ナチュラル・ボーン・映画監督」と評していたけれど、まさに映画というものにネイティブな、制度を知るまえに体験しているという唯一無二の生い立ちをしている。公式プロフィールでは最初の監督作品は1944年——大林監督が6歳のころ——の『ポパイの宝島』ということになっている。上映時間は1分。

「それ、いま観られるんですか?」

「東京に出るまえにフィルムを実家の瓦《かわら》のなかに隠したんだけど、戻ってみたらなくなってたんだよ」

と残念がっていたが、えっと、「瓦のなか」、とは……?

あまり深くつっこめなかったが、子供のころ屋根からすべり落ちる遊びをしていたくらいなので、きっと外して宝物を隠すような瓦があったのだろう。たぶん。


6歳ではじめて映画をつくった尾道で、大林監督はたくさんの映画をつくった。個人映画時代には『尾道』という作品もつくっている。撮影は高校生のときで、監督にとっての尾道の原風景はここに記録されている。

商業映画ではじめて尾道を舞台にしたのは『転校生』だ。以降『時をかける少女』『さびしんぼう』の2作をくわえた尾道三部作、『ふたり』『あした』『あの、夏の日~とんでろ じいちゃん』の新・尾道三部作などで多くのファンが熱狂して尾道に駆けつけた。ロケ地めぐりをすることを「聖地巡礼」などというが、その走りはまちがいなく大林映画だろう。

たしかに尾道映画を観ると尾道を歩きたくなる。ノスタルジックな町並み、瀬戸内海を見下ろす坂、港をめぐるように構えられた雁木《がんぎ》、そして尾道水道を往来するフェリー……。

と思えば監督が、

「フェリーも、おれはダメなんだよね」

と言うからなにかと思ったら、例の「はっきりしない」だそうだ。

「フェリーがですか？　はっきりしないってなにがですか？」

「子供のころからダメなんだ。どっちが舳先《へさき》か分からないから」

「まじですか」

「ありゃ、『動く橋』だ」


尾道は魅力的な町だ。

実際に歩いてみると分かる。次から次へと個性的な路地があらわれて脇道へそれるといつのまにか人がすれちがうことができないくらいの幅になっていて、「ここ歩いていいのかな」などと思っていると眺めのいい喫茶店にめぐりあったりする。どこまでもつづいて迷路のようで、思いがけない出会いがあり（人懐っこい猫もたくさんいる）、気がつくともとの参道に戻っていたり、なんだか大林監督の映画みたいだなあと思う。監督の入り組んだプロットやストーリーの設計図、あるいは原型《プロトタイプ》は、「尾道という町」なのではないか——というのも、そんなに的外れな指摘ではないような気がする。なにしろ18歳まで育った、自分の血肉となった町なのだ。

そんな尾道を歩いていると、僕も大林映画のなか、あるいは大林監督の頭のなかにまぎれこんでしまったかのような錯覚におちいる。

尾道には大林映画の記念碑などはまったくない。観光名所をつくるくらいなら、もとからある町の暮らしを大事にそのままのこしたいという思いから、監督がそれを断っているのだ。

町おこしより、町のこし。

大林監督はそう言いつづけていたし、講演などでもよく「空襲をまぬかれたと思ったら戦後に日本人が自分たちの手で町を壊しはじめた」とスクラップ・アンド・ビルドを批判されていた。「町こわしだ」と。町が変化していくことはしかたがない。だけど、巨大な資本や行政の利益誘導で人びとの暮らしが壊されるのだったらたまらない。

残念ながら尾道もそのスクラップ・アンド・ビルドの波からは逃れられなかった。尾道の象徴だった雁木はほとんどなくなってコンクリートで埋め立てられてしまった。国道をつくるというので線路下の下町はつぶされ、駅前も殺風景に均《なら》された。じつは『転校生』が撮影されたとき、一部尾道の人たちからは批判の声があがった。

「どうして尾道の汚いところばかり撮るのだ」と。上映中止の運動もあったという。大林監督はそれに対して「自分の親のしわを愛するように、この町のしわを愛している」と返答したが、その思いが伝わったかどうかは分からない。

ひとつ笑い話を聞いた。

あるとき、世界遺産登録を見すえてポルトに視察に行った尾道市長御一行が帰ってきてこう言った。

「あんな古くて汚い町が世界遺産になるんだったらうちも簡単に世界遺産になれる。なにしろ駅前を区画整理したばかりだから」

大林作品のなかでは唯一『あした』で組んだフェリー乗り場のセットが移設されてバス停として使われているが、寄贈した理由が「利用者が雨宿りできるから」というのが監督っぽい。尾道市とは観光名所として看板などは置かないという約束になっているが、ノートが置いてあって、訪れた人が「手紙」を書けるようになっている。なかには亡くなった家族や友人への手紙もあったそうだ。『あした』は、亡くなった人たちがフェリーに乗ってひと晩だけ戻ってくるという映画だからだ。

大林監督が許可を出した「ロケ地マップ」というものもあるのだけど、それも大林監督の意向で簡略された地図になっている。ロケ地マップを片手に迷子になって町をさまよってもらいたいからだそうだ。それも大林監督らしい。

そんな「迷子になってもらいたい」という大林監督の思いから映画が1本生まれている——、というのも奇妙な話だが、これもほんとうのことだから事実は小説よりも奇なりだ。

物語は『さびしんぼう』を観た大林監督のファンが尾道を訪れたところからはじまる。その青年は監督の目論見《もくろみ》どおり道に迷い、『さびしんぼう』の舞台にもなった西願寺にどうしてもたどりつけずにいた。するとそこにひとりのご老人があらわれて「案内しよう」と道を先導してくれたのだが、歩いても歩いてもたどりつかない。おかしいなと思っていると今度は道行くご婦人が声をかけてくれた。

「そのおじいちゃん、ボケてるんだよ」

青年はそんな映画のような体験に感動して、自分のふるさとでも大林監督に映画を撮ってもらいたいと思ったという。そしていつか自分がボケたおじいちゃんになって、やって来た大林映画のファンといっしょに自分のふるさとをさまよいたい——。

その青年・鈴木《すずき》評詞《ひょうじ》さんは自分の生まれた北海道芦別の市役所の職員で、いつか芦別で映画を――という熱い思いを胸に「芦別映画学校」を企画し、大林監督を「校長」として招いた。大林監督も新作を上映するなどして毎年交流がつづいたのだが、残念ながら鈴木評詞さんはその数年後に病気で亡くなってしまうのだけど、芦別市民の有志がその遺志を受けつぎ、その映画学校はなんと20年もつづくこととなったのだ。その20周年記念にあわせて映画をつくろうじゃないか――というのが、生まれた1本というわけだ。

そんな縁からはじまった芦別映画『野のなななのか』の主演のおひとりは、常盤貴子《ときわたかこ》さんだ。

常盤さんの出演が決まったのは長岡花火の会場だった。大林監督は前作『この空の花』の縁で、常盤さんは大河ドラマ『天地人』で長岡出身のお船《せん》の方を演じたことが縁で長岡花火を見学に来ており、常盤さんが大林監督のファンだということでご挨拶にいらっしゃったのだ。

「大林監督の映画が大好きで――」

「知ってるよ」

なんでも常盤さんがデビューしてまもないころ映画雑誌で「いつか黒澤明監督と大

林宣彦監督の作品に出たい」と発言されているのを目にして、黒澤監督と自分の名前が並ぶようになったとは、と覚えていたのだという。なので大林監督もにこにこしながら、

「今度いっしょにやろうね」

――と常盤さんと握手をして、その翌年ほんとうにその約束が実現したのだ。常盤さんもまさかその場の約束がこんなにすぐに実現するなんてとさぞ驚いたと思うが、大林監督はそういった「出会い」をとても大事にされていた。出会ったのだったらそのことに意味はあるのだ、と。

もうひとりの主演の品川徹《しながわとおる》さんや山崎紘菜《やまざきひろな》さん、それから音楽のパスカルズも『この空の花』からのつながりだし、寺島咲《てらしまさき》さん、村田雄浩《むらたたけひろ》さんなど多くの俳優さんは勝手知ったる大林組の常連である。松重豊《まつしげゆたか》さんは、直前に観劇した常盤貴子さんが出演されている『レミング――世界の涯《はて》まで連れてって――』で共演されていたのが目にとまって出演をお願いした。

「松重くんの役は村田ちゃんの弟だから、村田ちゃんより大きくないとね。弟は兄よりでかいもんなんだ」

安達祐実《あだちゆみ》さんの役がむずかしくてなかなか決まらなかった。16歳の役なのでずっと20代前半の俳優さんを探していたのだ。

「この役は実年齢のままより、実際に青春時代を過ごしたことのある人に演じてもらったほうがいい。16歳には、自分が16歳であることがどういうことか分かっていないからね」

スタッフルームでいくつも名前をあげていくが、なかなか監督のイメージとはあわない。みんな押し黙ってうんうん考えているなか、ふと思いついたのが安達祐実さんだった。先日『この空の花』の上映に安達祐実さんがいらっしゃって、トークを終えた監督にサインをもらって帰ったという話を思い出したのだ。ひそかに安達さんの名前を検索すると当時で33歳だったが、でも、安達さんなら……と思い、名前をあげたところ監督が、

「ありかもしれんな……！」

と前のめりになり、そこからはあっという間だった。

そんなふうに、すべては点と点がつながって「線」になるというか「縁」になって、配役が決まっていった。よく「ご縁ですね」というような言いかたはあるけれど、様々な「縁」が四方八方から集まってひとつの作品へと集約されていく様子を見てい

ると、そんな縁のかたちも複雑にからみあって迷路のようで、尾道の町並みに相似形な気もしてくる。

撮影はいつものとおりに進んだ。

つまり、いつもどおり目まぐるしく進んだ、ということだ。

「会話しているだけのシーンなのに台車に座って回転させられて、そのうしろを点滴スタンドが疾走する（寺島咲さん）」「全身グリーンのタイツを着たうえに顔も緑色に塗られて詩を朗読する（安達祐実さん）」「クランクアップした翌日に呼び戻してセーラー服で撮影する（常盤貴子さん）」などで、しかも監督はそれをその場でひらめいて実行する。おまけにリハーサルもない。すぐ本番なのだ。監督いわく、「人生も一回きりじゃない」。

これがすべて無茶なようなのだが、やり切ったときの監督の満面の笑みを見てもらいたい。顔に太文字で「楽しい!!」と書いてあるようだ。

それらを支えてくれたのはもちろん熟練の大林組スタッフなのだが、それにくわえて芦別には20年間関係を築き上げてきた映画学校の仲間がいる。ボランティアスタッフとして食事をつくってくれたり、車両を出してくれたり、撮影地の草むしりをしてくれたりとたのもしい。

そんな『野のななのか』の長い編集が終わり、芦別先行上映会が2014年の2月にあった。

舞台挨拶には品川徹さん、常盤貴子さんが来てくれて、どの回も満員で大成功だった。大林監督がいつものようにロビーでお客さんをお見送りしていると、それを聞きつけた常盤さんも走ってやってきて大林監督といっしょにお客さんひとりひとりと握手してお見送りをした。監督にとってはいつものことだったが、常盤さんははじめてのことだったらしく、涙ぐんでよろこんでいた。ずっとこういうことがしたかったんです、と。

つづいて全国順次公開がはじまるとその流れで尾道での上映も決まった。

尾道の迷子から生まれた芦別映画が、尾道に帰っていく。それ自体がもう映画のようだ。

舞台挨拶にはやはり常盤貴子さんと、パスカルズからロケット・マツさん、石川浩司さん、松井亜由美《まついあゆみ》さんが駆けつけてくれ、大林監督もふくめてみんなで舞台で主題歌をうたった。

思い起こせば『この空の花』の上映のため九州を1週間ほどかけて行脚したことがあるのだけど、舞台挨拶では毎回かならず元木花役の猪股南《いのまたみなみ》さんと監督と当時の長岡市長が主題歌を合唱していた。お客さんへのサービス精神もあるのだろうけど、うたうこと自体も好きだったのだろうと思う。

それもそのはずというか、大林監督は玄人《くろうと》はだしで歌がうまい。『ふたり』の主題歌「草の想い」では作詞のみならず作曲の久石譲《ひさいしじょう》さんとデュエットでうたっている。NHKで『ふたり』が放映されたときに問いあわせが殺到したため急きょ「大林宣彦& FRIENDS」という名前でシングル盤も発売されているくらいだ（名曲です！）。


舞台挨拶も終わると、せっかくだから尾道でのんびりしようということになった。常盤さんのパートナーの長塚圭史《ながつかけいし》さんも合流したところで、監督が尾道を案内してくれるという。これ以上の適任はいないという贅沢なガイドだ。

ロープウェイで千光寺《せんこうじ》までのぼり、『あの、夏の日』の舞台にもなったポンポン岩《いわ》で記念写真を撮り、大林監督はそれこそ「目をつむっても歩いていける」といった足取りで参道を駆けるように下りていく。

細い脇道があって監督が、

「ちょっとそっちへ行ってみて」

と僕たちをその脇道へとうながす。

道が細いので常盤さんを先頭に圭史さん、千茱萸さん、僕と一列になって歩きはじめるが、僕のうしろにいるはずの監督が来る気配がない。おかしいなと思って振りかえると、監督は猛然とぜんぜんちがう方向に向かって走り出していた。おや……、と思っていると僕たちが歩く道の上に平行するようにもう一本細い道があって、監督はその頭上の道をさーっと早足で僕たちを追い抜いていった。気づいているのは目で追っていた僕だけだったので、突如目のまえから監督があらわれて常盤さんも、

「え――――！　監督――――!?」

と驚いていた。監督もいつものサングラスの奥でまるで10代の少年のように笑っている。

そのあともずんずん歩いていく監督の背中を必死で追いかけるように『時をかける少女』のタイル小路や、『転校生』で小林聡美《こばやしさとみ》さんと尾美としのりさんが転げおちる

御袖天満宮《みそでてんまんぐう》の階段を訪ねた。尾道を案内する監督は誇らしげで、地元の人から話しかけられればうれしそうに足を止めて対話をした。

このときの尾道散策が楽しくて胸がいっぱいで、いつか尾道を舞台にしたマンガを描きたいなあと思っていたのだが、その短篇「指折りいくつも」に着手できたのが2020年の春だった。

東京から尾道を訪ねて行く女性が主人公なのだけど、そんなわけで、尾道を歩いている女性の姿がどうしても常盤さんしか浮かばず、ご本人にご容赦いただいて、常盤さんとして描かせてもらった。

主人公が尾道に向かうのは、中学生のときに尾道に転校していった友達と「また会おうね」と約束した記憶がよみがえったからなのだが、もちろん広い尾道で偶然出会えるわけもないし、それどころかまだその友達が尾道にいるのかも分からない。結局ふたりは出会えないわけなのだけど、それでもわたしたちは会えようが会えまいが、懲《こ》りずに指折りいくつも約束をしつづける。

「また会おうね」というのは、そう、祈りだからだ。

果たされなかった約束に導かれてやってきた主人公はホテルに戻り、ラウンジで演奏されるピアノに目を閉じて、会えなかった友達の幸福を祈る。ピアノを弾いているのは、顔は描いていないが、大林監督だ。

実際に僕たちが泊まった瀬戸内海を見下ろすホテルのロビーにはグランドピアノがあって、監督がショパンの「別れの曲」をロマンチックに演奏してくれたのだ。そんな記憶や気配も、このマンガには閉じこめられている。

2020年の春。大林監督が亡くなられたのが、まさにそのマンガを描いている最中だった。

大林監督に読んでいただきたかったとも思ったが、すぐにその考えをあらためた。大林監督のことだから、きっと僕のとなりで読んでくれているはずだからだ。

木漏れ日の数十歩／回文／ノーを告げる関係

大林監督の近くにいてつくづく思うのは「大林宣彦という人は、恭子さんとふたりで大林宣彦なんだよな」ということだ。

それほどおふたりの結束は強い。もちろん個人個人で意見がちがうこともあるのだけど、だからこそ信頼しあっていておたがい尊重しあい、深く愛しあっている同志――僕にはそう見える。

よく「ふたりは二人三脚で――」というような言い回しがあるけれど、そんなことばでは生ぬるい。「一心同体」というのが正確な表現だろう。恭子さんのいない大林監督はまったく想像がつかない。

おそらく、監督のそばにいる人ならばこの意見に異存はないと思う。

映画の撮影でも講演でも監督が行く場所にはかならず恭子さんが付き添ったし、プライベートで観劇に行く、美術展に顔を出すとなれば恭子さんが車を出すし、それこそ1980年代のいちばん忙しい時代、たまの休日に「馬に乗りに行こう」となると、御殿場《ごてんば》まで徹夜で車を運転して監督を連れていくのは恭子さんだった。

じつは恭子さんは監督とおなじか、それ以上の体力の持ち主なのだ。そりゃそうですよね、だってあの大林宣彦と並走するわけですから。

監督も「ひとりの時間がほしい」というタイプではまったくないので、それこそ四六時中ずっといっしょだ。歩けばよく手をつないでいたし、耳にのこっているのは監督の「恭子さん」「恭子さんや」と呼ぶ声で、晩年なにかの賞をいただくスピーチで壇上から、

「恭子さん、今日もきれいだよ」

と話しかけていたし、それはもう、普段からそんな関係なのだ。

恭子さんも大林監督のことをいつも「監督」と呼んだ。たまに「ノン」と呼んだのは「宣彦」から来ている学生時代からの呼び名で、家族といるときだけたまに出て、その呼び名を聞くと「家族の時間なんだな」とあたたかい気持ちになった。

そもそもおふたりの出会いは大学のときだから、監督が20歳、恭子さんが19歳。

大林青年は授業に出席もせず講堂でピアノを弾いていて、冷やかしに友人たちと見学しに行った恭子さんはそこで大林青年と顔見知りになった。当時ふたりが在学していた成城大学の木造校舎と木造校舎のあいだに雑木林があって、教室の移動でその雑木林を抜ける狭いあぜ道をたまたま並んで歩いたという。木漏れ日のわずか数十歩のあいだに大林青年は「なにか大事なことを言わないといけない」と感じて口をついて出たのが、

「結婚しない?」

だった。それほど会話をしたわけでもない顔見知り程度の相手に言うことではないのだが、翌日恭子さんは講堂でピアノを弾く大林青年を訪ねて、

「ひと晩考えましたけど、返事は『はい』です。結婚のことは19年間考えてきましたから迷いはありません」

と返事をした。「映画のようだ」ということばが陳腐にも感じてしまうほど、なにかもう、伝説のはじまりといった情景だ。

このことからも分かるように、じつは恭子さんは監督よりもきっぱりとしていて気《き》

っ風《ぷ》がよく、意思表示に迷いがない。なのでその日からすぐ恭子さんは大林青年の住む祖師谷《そしがや》の木造アパート新樹荘《しんじゅそう》に通いつめるようになるのだが、夜はかならず恭子さんを恭子さんとお姉さんが暮らす大塚《おおつか》のアパートまで送ってくれたという。たとえ祖師谷まで戻る電車が終わってしまう時間だったとしても、かならずだ。

恭子さんが祖師谷商店街で買い物をしていると「さっきお兄さんが来たわよ」と兄妹《きょうだい》とまちがえられていたというから、そのころからすでに家族然としていたのだろう（まちがえられたのがうれしかったらしく、しばらく兄妹を演じていたらしい）。

デートといえばやっぱりかならず映画だという。それも一日何本もだ。監督は「1960年代の途中までは日本で公開された映画はぜんぶ観た」と豪語するほど網羅的に映画を観まくっていて、それは尾道にいたころから変わらなかったようだ。

「おれが子供のころ尾道には映画館が5つあったの。それでね、月・火・水・木・金・土・土・日・日って毎週9本映画を観てたんだ」

尾道から東京に出ていくときに父親がゆずってくれた8ミリキャメラで映画も撮った。

アパートのとなりに住んでいた東宝のシナリオライター平田穂生さんが監督をして

『だんだんこ』という作品をつくるというので大林青年がキャメラをまわしていたのだが、いつのまにか大林青年が監督になっていたという。さもありなん。

恭子さんもスタッフとして手縫いで衣装をつくれば食事もつくり、演出もするなどあらゆることを手伝い、俳優として出演もした。

まさに青春――、大林監督もまだまだ何者でもなかった時代だ。


おふたりの学生時代の話を聞いているとうらやましくなる。

生徒の数もすくなく、教授が「今日は天気がいいので外で授業をしましょう」と雑木林を散歩しながら講義をおこなったりしたそうだ。雑木林を歩くことを「ハイデルする」と呼んでいたという。雑木林がドイツのハイデルベルクのようだからだ。なんて素敵なネーミングなんだろう。

学友にはすでに国民的スターだったミッキー・カーチスさん、赤木圭一郎《あかぎけいいちろう》さんたちがいた。

「窓から外を見たらね、ミッキーが上下白のジャージを着て立ってるの。校庭の真んなかで」

「なにしてたんですかね」

「格好《かっこう》つけてたんだと思う」

というのは恭子さんの証言だ。ミッキーさんはのちに大林監督の『あの、夏の日』などに出演してもらっているし、不思議な縁でいっとき僕はミッキーさんのご自宅の屋根裏をアトリエとして使わせてもらっていたりもした。


当時の成城大学の講師には遠藤周作《えんどうしゅうさく》さんもいたという。

「わあ、その授業受けてみたかったですよ」

「あるとき遠藤さん、真っ白の上下のスーツを着てきたんだよね」

「上下白、はやってたんですかね……」

「それでもって顔じゅうにぐるぐる真っ白い包帯を巻いてきてね」

「え、たいへんじゃないですか!」

「そのままなんの説明もなく授業をするんだよ。上から下まで真っ白で。授業が終わって遠藤さんがトイレに行くからうしろからついていってみたら包帯を外してそのまま帰っていくんだ」

「ケガしてなかったんですか?」

「ただ包帯を巻いてただけ。そういうお茶目なところがある人だった」

お茶目って言うんでしょうか、そういうのを。

のちにコマーシャルを演出するようになった大林監督は遠藤さんに日立《ひたち》のホットカーラーのCMへの出演を依頼して出演してもらっている。じつは『HOUSE』にも出演依頼をしたそうだが「いま真剣に小説を書いているので」とお断りされたそうだ。

学生時代はピアノを弾き、ギターも弾き、映画を撮っていたが、じつはいちばん熱を入れていたのが小説で、自分たちで立ち上げた同人誌『狂童群《きょうどうぐん》』で書いた小説が『文學界《ぶんがくかい》』の同人雑誌評で取り上げられたりもした。そんなことから恭子さんは、「わたしは貧乏作家の女房になるんだ」と思っていたそうだ。

「貧しいって決まってたんですか？」

僕が大林監督に笑って訊くと、監督もにこにこうれしそうな顔をした。

「それはいい小説を書くって意味なんだよ。純文学の小説家は食えないって決まってたんだ。清貧ってことばがまだ生きていた時代だね」

大林監督の書斎——監督はほとんど使ってなかったけど——には本棚がどーんとあり、かなりの量の自著や、映画、映画史の本がずらりと並んでいた。

それとはべつに書庫もあり、そこも半分以上は映画の本で、のこりは大林監督が愛した福永武彦《ふくながたけひこ》や手塚治虫さんの全集などが並んでいる。そちらもすごい量である。監督の事務所にお送りいただいていた本や雑誌も山積みになっていて時間があると手をのばして読んでいたし、たまに新聞広告を持ってきて、

「森ちゃん、この本、手に入る？」

などとたのまれて取り寄せたりしていた。あまりにもたくさん読むのであるとき恭子さんが、

「監督はななめ読みだから」

と言うと監督は笑いながらこう返事した。

「なにを言うんだ。おれは句読点までちゃんと読むんだ」

監督はそういった一度聞くと忘れられないキャッチーな言いまわしをよく口にした。あるとき、尾道に向かう新幹線で富士山が見えた。快晴で空気が澄んでいて、頭に雪をかぶった富士山が家並みの向こうにそびえて書き割りのようだった。監督はそんな富士山を見てこう表現した。

「射的で倒れそう」

考えてみればそうなのだ。大林監督はコマーシャル監督をしていた時代、数多くのキャッチコピーをヒットさせていた。

「うーん、マンダム」

「ラッタッタ」

「お魚になったワタシ」

……

まだコピーライターという職業が一般的ではなかった時代、そのあたりの裁量は監督にあった。小説家を志すのもうなずけるほどことばの切れ味がするどい。

あるとき事務所で監督と回文の話題で盛り上がったことがあった。その日の夜に監督からメールが届いて、タイトルに「回文を考えました!」とあった。

世の中は　儚《はかな》い　人心乱れ　胸苦し　歯抜き　薬飲み　死なば夜半《よ》ば　虚《むな》しく死なむ　馬鹿な夜噺《よばなし》　身のリスク　衣はシルク　眠れ　惰眠《だみん》信じ　田舎は墓なのよ

「まじですか、すごい！」といった返事をしてしばらくするとまた届く。

主、いい嫁だ！　……ああ、泣いた。惨《むご》いわよ、したわ！　やいやい!!　何だ誰様《たれさま》だ。……黙ってりゃ。そう、キスは好き。嘘！　遣《や》り手、妻だ！　騙《だま》された!!　旦那、嫌　嫌！　わたし、弱い。御無体な。嗚呼《ああ》、駄目よ！　いい。死ぬ。

……

これまた、まじかよと唖然《あぜん》としていると、またすぐに監督からメールが届いた。

駄目だ！　皆さん　みんな、悲しくも　病。住まいに　此処《ここ》、其処《そこ》にもと、魂《たま》も　見切るな!!　……悲しげに　立った儘《まま》の君。軒並み、田舎、家も　何処《どこ》も、マックス！　臨界危機!!　いかん！　リスク！　妻も子ども、えい！　家内　みな、着の身着の儘、発《た》った。逃げし仲なる　君もまた、共にこそ、此処にいます。いまや　黙《もく》し仲。難民さ。涙目だ。……

翌日監督に会って「こんなことに貴重な時間使わないでくださいよ」と言うと、

「むかし回文で抗議文を書いたことがある」

と訳の分からないことをおっしゃっていて絶句したことがある。それが「あそび」だったのだろう。


大林監督のお母さま・千秋さんと千茱萸さんには「なにかを見る力」があったが、ごいっしょしたかぎりだと監督に「なにかを見た」という経験はなさそうだった。ただ、まちがいなくなにかに守られているといった神がかった「強運」があった。

学生時代に、監督が恭子さんを尾道に連れていったときの話だ。

砂浜で水切りをしていると、勢いあまって大林青年が指にはめていた指輪が海へスポーンと飛んでいってしまった。それは恭子さんがプレゼントしてくれた指輪だったのだが、いくら波間を探しても見つからない。

翌朝おなじ浜辺を訪ねて探してみてもやっぱりない。それはそうである。海に消えた指輪が見つかるはずがない。

そこで大林青年は思いついた。砂浜の桜貝をひとつ持って帰って指輪の代わりとするのだ。うん、いいアイデアだ――と、目についた小さな桜貝をひとつ持ち上げると、その下に失《な》くした指輪があった。

……ありえますか、こんなこと？

桜貝ってせいぜい親指の爪くらいの大きさなんですよ？

じつはそのとき恭子さんは「あげた指輪を失くされたのではこの人とは縁がなかったんだ。別れよう」と思っていたというから危機一髪だった（あぶないあぶない、映画史が変わるところだった）。逆に指輪が見つかったので「この人とは別れられないんだわ」と考えをあらためたそうで、そのうえなんと、おなじようなことがもう一度あったという。

それも学生のころの話で、大林青年がなにかの用事があって指輪を外してうかつにも路駐してあった車のボンネットに置いたのだそうだ。まったくもう。気づいたらその車がどこかに走り去ってしまっている。ああ、また指輪を失くしてしまったと愕然《がくぜん》としながら自分たちも車に乗ってしばらく走っていると、ふと横を指輪を置いた車が走っている。どこかで追いついたのだ。しかもずいぶんとでこぼこ道を走ってきたはずなのに、指輪はボンネットのうえにちょこんと置かれたままだったという。

これはよほどなにか特別な力に「大林宣彦の人生には恭子さんが必要なのだ」と言われているのだとしか思えない。ものすごい力が監督を見守っているのだろう。

おふたりともそんな青春を過ごしていたが、とはいえ授業に出ていないので監督は留年し、1学年下の恭子さんが成城大学を卒業するタイミングで大林青年は大学をやめた。以降、小説ではなく個人映画が高く評価され、広告代理店からお願いされてコマーシャルの監督として活躍するようになるのは以前書いたとおりだ。

当時テレビコマーシャルは「トイレタイム」と呼ばれていて、広告代理店が映画会社にコマーシャル制作を依頼したところ「おれたちは広告屋じゃない。バカにするな」と蹴とばされたという。そんな時代だ。大林監督はそんななか「120秒の映画をつくれる」とよろこんでコマーシャルを撮った。通算すると2000から3000本くらいつくったという。

「ひとつの製品で30秒を4本、60秒を2本、120秒を1本――みたくいくつもバージョンをつくったからね」

とはいえ、ものすごい仕事量だ。

そんな山ほどコマーシャルをつくりながらも、週末は恭子さんたちと駆けまわって休みもなく個人映画の撮影だ。恭子さんはおなかの大きいままロケをしたりしていたので、つねづね千茱萸さんは、

「生まれるまえから映画をつくってた」

と言うほどの映画人生である。

そんな一家だから、生まれてすぐ出演もしている。それが『Complexe＝微熱の玻璃あるいは悲しい饒舌ワルツに乗って葬列の散歩道』という長いタイトルの個人映画で、千茱萸さんはもちろん赤ん坊だ。ホームビデオというものは一切ない。すべて作品になっているからだ。

その2年後の『EMOTION＝伝説の午後＝いつか見たドラキュラ』では「食べものを粗末にしてはならない」と教育されていたのに大人たちがあんぱんを道端に放り投げているものだから大泣きしているという姿が記録されている。あんぱんと、フランス語のアンデパンダン＝インデペンデント――をかけた映像的ダジャレなのだが（映像でもダジャレをする）、2歳の千茱萸さんにそんなことは分からない。

「あのときあなたが大泣きして、わたしの育てかたはまちがってなかったって思ったの」

と恭子さんは誇らしげだが、映画一家に生まれた運命だろうか、友達と遊んでいて都合が悪くなると「カット！　カット！」と叫んでその場を終わらせようとする子だったらしい。

大林監督が商業映画に進出してからも、個人映画時代と同様、恭子さんは手伝えることはなんでもやった。『HOUSE』では、断られたとはいえ遠藤周作さんの事務所を訪ねて直接出演オファーをしたのも恭子さんだ。

衣装のタイアップも取ってきて、俳優さんが着る衣装だけではなく監督の衣装もそろえた。撮影中のスナップ写真を見ると大林監督もカウボーイハットにパンタロンで俳優顔負けだ。髭《ひげ》にサングラスもあって年齢も不詳で、堂々としていて貫禄もあった。当時は年齢を公表していなかったし、もちろんネットもない時代だから、みんなからは50代だと思われていたらしい——のだが、

「『HOUSE』でバレちゃった」

商業映画ともなるとプロフィールを公表しないといけないらしく、さすがにバレたという。そのときで39歳で「そんなに若かったの!?」とコマーシャル業界からは驚かれたそうだ。それくらい貫禄ある風貌だった。うらやましい。37歳で年齢確認される僕とはえらいちがいだ。

衣装でいうと、恭子さんはその後もずっと監督の私服のコーディネートを担当した。

監督が普段からお洒落《しゃれ》なのはそういった理由だ。

鮮やかな色彩のスカーフを首に巻いてジャケットを羽織り、そのジャケットにはいつもキャメラとピアノのピンがついている。ネクタイをよく見るとピアノの鍵盤柄だったりと凝っていて、指にはかならず馬をモチーフにした指輪をしていた。恭子さんが学生時代にプレゼントしたものだ。

千茱萸さんもよく監督を連れてショッピングに出かけ、監督に似あうジャケットやシャツなどを選んだし、ご病気するまでは千茱萸さんに誘われておなじ美容院に通っていた。

すばらしい技術の美容師さんで、監督もいつもどおり「あの監督」のイメージなのに、よく見るとさりげなく左右でバランスのちがうアシンメトリーになっていたりと家族で大絶賛の髪型だったのだが、地方の大学で授業をした監督が肩を落として帰ってきた。

「生徒から『カットの途中で出てきたんですか?』って言われた」

ずっと裏方を務めていた恭子さんが「プロデューサー」としてタイトルされるようになったのは『転校生』からだ。

美術監督の薩谷和夫さんの進言だったのだが、恭子さんが渋っていると、「恭子さん、名前を出すのは責任を持つということですから」と後押ししたという。

たしかに恭子さんはそれまでも「映画のぜんぶ」といってもいいほど全方位にわたるサポートをしていたのだ。キャスティングは監督といっしょに考え、スタッフの面倒を見て、予算をいかに映画に使うかを計算し、食事を手配し、監督のケアをしながらも作品に意見を言うのも恭子さんの仕事だった。

2週間の休みがあるから映画をつくろうと集まった仲間と不眠不休で撮影した『廃市』でも最後まで現場にのこったのは恭子さんだ。撮影でお借りした200点のほんものの輪島塗《わじまぬり》をひとりで徹夜して3度洗って包んでお返ししたのだけど、すべて合計すると数千万円するというとても価値のあるものなので、管理するのもそれこそ命がけ。お返ししたあとはさすがの恭子さんも熱を出して倒れたという。

『転校生』でプロデューサーになって恭子さんが大林監督にお願いしたのは「監督は映画に出ないでくださいね」ということだった。『HOUSE』以降、監督はヒッチコックのようにワンカット出演することが定番になっていたのだが、それに「ノー」を告げたのだ。

言うべきところでしっかりと「ノー」と言う。

僕が見ているかぎりだと、そういうことができるのも恭子さんと千茱萸さんしかいなかった。偉大な才能を目のまえにして「ノー」と言える人なんてそうはいない。その役を担う人がご自身のまわりにいるというのは、作家としてなんて幸せなことなんだろう。ほんとうにそう思う。

ほかにも恭子さんは、たとえば『理由』では原作を分析したノートをこと細かにまとめたり（監督はそれをもとにシナリオを書いた）、『野のなななのか』もシナリオでは『なななのか』だったものに芦別なんだから『野の』をつけてください、そこをパスカルズが演奏しながら行進するんですと進言したりと作品の根幹をなす仕込みや提言を数々していて、監督も信頼してそのアイデアを受け入れた。鉄の信頼関係である。おふたりはそれを、60年以上つづけてきたのだ。

大林監督が肺がんステージ4だと宣告されてからも、恭子さんのサポートは驚異的だった。

脚を骨折して以来、杖《つえ》がないと歩けない状態だったにもかかわらず、立つこともたいへんになった監督の両腕を支えて歩き、晩年は監督を車椅子に乗せて、ときに自分は歩いて移動した。

千茱萸さんも僕も近くに住んでいてできることはしたけれど、基本的に監督と恭子さんはふたりで暮らしていたので、食事の支度、監督のスケジュール管理、外出するときは着替えさせて現場に付き添ってと、学生時代からやっていることは生涯変わらなかった。

ほんとうに60年以上変わらなかった。

こういった言いかたが良いのか分からないけれど、一心同体の恭子さんがいてくれたので、大林監督は最期の瞬間まで大林宣彦でいられたんだな、と思う。

監督入院してた／伝統と革新／映画の力！

２０１６年８月の終わり、唐津《からつ》に行った千茱萸さんからＬＩＮＥが来た。

「監督入院してた。いまから病院行ってきます」

青天の霹靂だった。

大林監督はその年の夏、唐津で『花筐』を撮影するためにひと足先に恭子さんとスタッフと佐賀県唐津にいた。明日がクランクインというタイミングで千茱萸さんも合流して、メイキングキャメラをまわしながら監督と恭子さんのサポートをするという予定だった。僕はそのころ大林監督の事務所を辞めてマンガ・イラストの仕事に集中しており、あいまを縫って撮影の途中で何度かおじゃましようとしていたのだったが

――、そこにこの連絡だ。

定期的に受けていた東京の病院での検査結果が、連携していた唐津の病院に届いたのだという。

肺がんのステージ4。骨に転移していたことで発見されたらしい。

余命は半年。

あまりにも急な、一方的な通告だった。


「あまり良くない」

「かなり深刻」

刻一刻と千茱萸さんから入る連絡になにも手につかなくなるが、撮影は続行するつもりだということを知り、でも、撮影はできても編集はできないじゃないかと絶望したのを覚えている。

大林監督の現場では撮影の直前にセリフを変更したり足したりする。意表をつくキャメラワークや、合成を念頭に置いた演出も、現場にいる者は誰ひとり理解できていないということがままあって、それは大林映画に出演した多くの俳優さんが「自分はいまなにをやっているのだろうと思って演技をしていた」というほどである。

そんな撮影現場が成立するのは、その場にいる全員がこう確信しているからだ。

大林監督の頭のなかには「編集」を見越したヴィジョンがある、と。

だから現場では俳優さんもスタッフも「大林監督の望むものをつくりたい、それでまちがいはないから」と監督の指示に絶大の信頼をよせて、期待に応えようとその場その場で臨機応変に工夫をする。

でも、編集ができないとなると、話はちがってくる。撮影された素材がどのように活きるのか、監督以外分からないからだ。半年は、いくらなんでもみじかすぎる。


撮影は厳戒態勢ではじまった。

とはいえ監督にはまったく自覚症状がないから、本人は普段どおりで絶好調だ。初日の撮影が終わって、レントゲンを撮り、採血をして、点滴をする。監督はいきいきとしている。

「先生、撮影がはじまって元気になりました。活力がみなぎってます」

その検査の結果が出ると症状は悪化しているという。

なんと半年あった余命が3か月だという。

「監督が元気になるってことは、がん細胞も元気になるってことなんです」

「監督の進行、早すぎ」

千葉茵さんから嘆きのＬＩＮＥが入る。さすがにこのままではまずいと判断して、監督と恭子さんのケアをしてメイキングキャメラをまわしつつ、知りあいや友人をとおして東京で治療を受けられるように算段をつけ、なんとか監督と恭子さんを説得して東京まで連れて帰ることになった。

「光を手繰《たぐ》りよせてみせる！」

帰りの新幹線のなかから千葉茵さんが僕に送ってくれたＬＩＮＥだ。


計画としてはこうだ。

監督は東京で入院生活を送る。余命３か月を回避すべく可能なかぎり最高の治療を受けてもらい、編集の時間を持てるように延命する。大林映画は編集が命だからだ。なので監督は現場にいないが撮影は続行。現場は助監督の松本動《まつもとゆるぐ》さんにまかせるが、毎日オンラインで念入りに打ちあわせして指示を出す。

僕としてもそれがベストに思えた。映画のためもあるが、１日でも長く生きてほしいからだ。

東京に戻ってきた監督はやはり納得いかないという表情をされていた。それはそうだろう。痛みも苦しさもないからだ。肺がんは静かながんだ。痛みや違和感を感じたら、そのときはもう手の施しようがなく手遅れ、という病気なのだ。逆にいうと、定期的に病院で検査をしていたからこそ運よくこのタイミングで見つかった――とも言えるかもしれない。

監督が東京に戻ってきた翌日、家族で監督が入院する病院へと向かった。いちばん大きいトランクケース持参だ。なかには今回の映画のシナリオや資料などのほかに大量の着替えや生活必需品が詰めこまれている。しばらく入院生活がつづくからだ。ごろごろとトランクを転がして受付に行き、まずは担当の先生のところで今後の方針について話を聞く。

「ほんとうに入院しないといけないんでしょうか」

「監督の病状を考えるとまちがいなくそのほうが安全です」

万が一にそなえて唐津の病院よりも手厚くフォローできる東京の病院にいてもらったほうがいい、そのうえで可能なかぎり余命を延ばすよう手をつくしますという。説明を聞けば聞くほど楽観的になれない状況だった。

連絡を取りあっている唐津の病院では現在どの抗がん剤が効くのか検査をしているという。その結果次第で飲み薬になるのか点滴になるのかが分かり、点滴だといずれにしろ毎日通院しないといけないらしい。

「飲み薬になる確率はおよそ3割くらいと考えていてください」

「そんなに少ないんですか」

「監督は以前、煙草《たばこ》も吸われてましたし、心臓の疾患もありますので、おそらく点滴になるかと……」

ひととおり話を聞き終わり、では病室に——というタイミングで恭子さんが静かに、

「でも、監督を唐津に帰してあげたいんです」

と言い出した。

みんな「え?」という顔をしたと思う。

監督をひとりで病室にいさせたら余計に病気になってしまう、撮影さえしていれば元気だから——と恭子さんは言う。なによりも「監督を病室でひとりにさせたくない」という思いが強かった。

しかしそうは言ってもそれは無理な相談だろう、免疫が弱っているので風邪《かぜ》ひとつが命取りになりかねないという状況なのだから……と思っていると監督も「先生がい

いと言うなら撮影現場に戻りたい」と言い出し、いやいやそんな……と思っていたら先生も相当の覚悟で絞り出すようにこう言った。

「分かりました。僕と唐津の病院で連携を取って最善をつくします」

そういうわけで、千茱萸さんも僕もまったく「きょとん」としたまま大きなトランクをふたたびごろごろと転がして自宅へUターンすることとなった。翌日にはもう唐津に戻るという。

「恭子さんの直感に勝るものはない」というのは大林一家と僕の共通認識なのだが(それはもう絶対だ)、いやあ、今回ばかりは医学の話だし……と多少不安はあったもののの、結果としてその恭子さんの思いはやっぱり正解だった。それが分かったのもそのすぐ翌日だ。

監督と恭子さんがタクシーに乗ったと連絡があり、僕たちは家を出て大通りを目指した。千茱萸さんもおふたりといっしょに唐津に戻るし、僕も新横浜《しんよこはま》駅までお見送りにいくので、そのタクシーにピックアップしてもらおうというのだ。すると、大通りまで歩いている途中で唐津の病院から電話が入った。それはなんと「点滴ではなく飲み薬でいい」というられしい知らせだった。

タクシーがやってきて、千茱萸さんが、

「3割のほうに入ったって！」

と告げると、大林監督は一瞬深くうなずいてから静かに興奮したように空を指さした。

「いまここに来るまでにすげえ虹を見たんだ。3本も出てたんだ。それだ」

そして、恭子さんと千茱萸さんと手をつないだ。

これですくなくとも唐津で「通院」する必要はなくなった。体調をきびしく管理するという条件はつくにしても、撮影にのぞめることになったのだ。


『花筐』は大林監督にとって念願の作品だった。

檀一雄《だんかずお》さんの原作に惚《ほ》れこんでシナリオにしたのは1975年ごろ。つまり商業映画デビューの『HOUSE』以前で、東宝から「大林さん、なにかいい企画がありませんか」と言われて『HOUSE』より先に渡したものがこの『花筐』だった。筆は桂千穂《かつらちほ》さんと大林監督による。

『花筐』のシナリオを読んだ東宝の人はしかし、「この内容ならうちでも撮れるんです。もっと、われわれが想像もつかないものを――」と却下されて、長らくお蔵入りしていたのだ。

1975年ごろ、日本映画は斜陽の極みだった。誰も日本映画を観《み》ない。ちょうどスピルバーグが華々しくデビューしたころだったので『ジョーズ』みたいなものを日本でもつくれないか――というのが東宝からの要望だったという。

しかしまあ、そうはいっても『ジョーズ』の二番煎《せん》じのような映画は雨後の筍《たけのこ》のごとくハリウッドでも無数につくられていた。そこで大林監督は娘の千茱萸さんに相談した。千茱萸さん、11歳のときである。

「千茱萸さん、東宝で映画の企画をたのまれたんだけど」

「日本で映画撮るなんてやめなよ。ダサいよ」

「ひとつくらいアイデア出してあげないと。なにかないかな」

「鏡にうつってるわたしがわたしを食べにきたら怖いよ」

「おお、それから?」

「ピアノをうまく弾けないと鍵盤が指をかじるみたい」

「ほかには?」

「井戸で冷やしたスイカがぱっくり割れてわたしを食べようとしてるみたい」

なるほど、クマやワニの映画はあったけど無機物が人間を食べる映画は観たことがない、それだ——と、そんな千茱萸さんのアイデアがもとで、やはり桂千穂さんによって『HOUSE』のシナリオが書かれた。そのアイデアがなければ『HOUSE』という映画は存在せず、場合によっては日本映画界の門戸が開くのにもうすこし時間がかかったかもしれない。

そう、『HOUSE』が内容とおなじくらい画期的だったのは、この「映画界の門戸を開いた」ということである。以前書いたとおり、もともと映画監督になるためには、映画会社に「就職」しないといけなかった。しかし斜陽の日本映画界である。自分たちがつくったものは誰も観てくれない。ならば外部の人にたよってみよう——ということで、コマーシャルの監督として東宝スタジオを使う「お得意さま」だった大林監督に白羽の矢が立ったのだ。

はじめはシナリオだけの依頼だった。

ところがシナリオを渡したはいいけれど、東宝の監督たちは「こんな映画を撮りたくない」と誰も監督の名のりを上げなかった。

このあたりは確信的なんだろうが、大林監督は『HOUSE』の映画化に動きがないあいだに『HOUSE』の名前の入った名刺を配りまくり、ラジオドラマ版やマンガ版を発表し、ファッション誌で「『HOUSE』ファッション」と銘打って俳優さんたちにオシャレさせて誌面に登場させた。元祖メディアミックスである。ここまで宣伝されてあとに引けなくなった東宝が「最初で最後です、1本映画を監督してください」とお願いしてきたのだ。

それ以降である。映画会社が外部の監督を起用することになったのは。日本の撮影所システムの方向転換――、まさにエポック・メイキングな瞬間であった。

でも僕は思うのだ。

その日本映画の撮影所システムを「壊した」とされる大林監督が、じつはその後、誰よりも日本映画の伝統を守っているのではないか、と。つまり壊したのは旧態依然とした閉鎖的な「システム」であり、11歳の千茱萸さんが「ダサい」と喝破したのはその偽りの「伝統」を隠れみのにした、硬直化した風とおしの悪い権力構造だったのではないか。その構造が破壊されたことで、むしろ「日本映画」の種は守られたのではないか――と。

伝統というのはおなじかたちを維持しつづけることを意味しているのではない。時代にあわせてすこしずつアップデートしていくもので、別の言いかたをすれば、「時間をかけた革新こそが伝統」なのだ。そして、大林監督こそがその担い手だったのではないか。僕はそう思っている。

なにごとにも時機というものがある——と大林監督はよくおっしゃっていたが、そのとき失われたと思っていた『花筐』の映画化の機会が、40年の時を経てよみがえった。時機というのもまちがいなくあるが、それでも僕は大林監督の「粘り強さ」を感じずにはいられない。

そう、ほんとうに諦めないのだ。

撮影現場におじゃまずすると、監督はいつものとおりスタジオが揺れるほどの声量でかけ声をかける。

「よぉお————い、スタ————ト!!」

ああ、いつもどおりじゃん。監督が病気だなんてまるで実感がわかなかった。

撮影も目まぐるしかった。それもいつもどおりだ。

その場に来てキャメラの動きを決めて、撮影部が急いでレールを敷き、動きの確認だけしてリハーサルもなく本番だ。

ダンスのシーンでは回転台に乗った俳優さんがぐるぐる回されてそのうえで踊りながら演技をする。本編で流される音楽もかけて「この4小節のなかで会話を終わらせて。このセリフは立ち上がりながら」などと指示が出る。窓の外は緑色のスクリーンで覆われている。あとから景色を合成するのだという。

今回はありとあらゆる場所に緑色のスクリーンがあった。学校の窓の外にもスクリーンが張られていた。あとからそこには海を合成するという。丘のうえでピクニックするシーンでは屋外なのに四方をスクリーンでかこっていた。こちらも全方位合成するという。なんという自由な発想なんだろう。

もともとお好きではあったのだが、デジタルで映画を撮りはじめてから監督は合成を好んだ。しかもわざと「うまくない」合成をした。意図的にずらして、虚構を虚構たらしめる演出をすすんで選ぶのだ。

「映画はほら、嘘から出た真《まこと》だから」

この考えかたは監督らしくて大好きだ。

「だって映画は虚構、つまり嘘でしょう？　観客にもちゃんと嘘だと思って観てもらいたいんだよ。だって、なにがいちばんの嘘かって『ハッピーエンド』じゃない。現実は絶望ばかりかもしれないけど、映画のなかには存在しうるんだよ。その嘘を信じて、願えば、それはいずれ現実になるかもしれない。平和を手繰りよせられるかもしれない。それが映画の力だよ。

だから嘘は嘘なんだけど『根も葉もある嘘八百』なんだ。それがなかったらただの詐欺師になっちゃう。表現者だから、根も葉もある常識人じゃないといけないんだ」

むかし大林監督がお芝居を観にいくと決まってとなりが相米慎二《そうまいしんじ》監督だったという時期があったそうだ。そしてふたりで「芝居は自由でいいねえ」という話をしたという。つまり、舞台で波の音がすればそこは海で、ソファがあれば家のなかになる。それは観客が想像力で「海」「室内」とあたまのなかでイメージしてくれるというわけだ。

「その点、映画はリアリティに引きずられちゃう」

というのが大林監督の悩みどころであったそうだ。映画は嘘であるにもかかわらず、観客は「リアリティ」を求める。

それでもあえて大林監督は「嘘」を信じ、願いつづけた。ハッピーエンドを。

しかしそんな合成だらけの撮影を見学していると、これはもうどう考えても監督が自分で編集するつもりだとしか思えなかった。まったく妥協がないのだ。あの場で、監督以外で、なにかしら完成形のヴィジョンのかけらでも見えている人がいただろうか。

なので監督が「よーい、スタート」と言うたびに、生きのびて編集をするぞという覚悟を見ているようで僕はたましいが震えた。命がけというのはああいったことを言うのだと思う。

そうかと思うとおみやげに渡した箱を見て、

「森ちゃん、これはなに?」

「ショコラです」

「ショコラへんのとはちがう?」

などとダジャレを言い、千茱萸さんが横で、

「チョコっとね」

と答える。そんなところももう、ほんとうにいつもと変わらない風景だった。

なんやかやで撮影は無事に終わり、余命の3か月が過ぎ、監督は編集をつづけてい

た。

運がいいことに薬が効いていて、しかも副作用がないという。千茱萸さんも僕もおつきあいできるときはいっしょに病院へ通い先生の話を聞き状況を把握し、帰りは家族で食事をした。


2017年1月9日、大林監督の79回目の誕生パーティは監督夫妻の友人が経営している恵比寿《えびす》のメゾンプルミエールを貸し切りにしておこなわれた。『花筐』のキャストや関係者が集まり、わいわいとみんなで食事をして最後に監督が挨拶をするのかなと思っていたら、のっけから監督がマイクを持って、

「こんどの作品、いま編集のまっ最中ですが、すごい映画になってます。俳優さん、みんないいよ」

と前口上《まえこうじょう》を述べたかと思ったらずっとマイクを持ってはなさず、みずから司会をはじめた。

「満島真之介《みつしましんのすけ》くんは今回はじめての大林組だったけど――」

「自分が自分じゃなかったんです。はじめての経験でした。長塚圭史さん、すごいおじさんだなと思ってたんですけど、映画だとまったく関係ないんですね。監督のいな

い時間にみんな悩みながらやっていたことがちゃんと映ってました――」

などとその会場にいた30人くらいに全員マイクをまわし、監督・オン・ステージをつづけた。なかなかいないんじゃないでしょうか、自分の誕生パーティなのに自分で司会をつとめるという人も……しかも肺がんステージ4で。大林監督のサービス精神はとどまるところを知らず、じつに楽しく和《なご》やかな会で、みなさん大よろこびされていた。

ちなみに「長塚圭史さんがすごいおじさん」というのは、当時40代の長塚さんが16歳の役を演じていたからだ。そういう満島さんも27歳で、窪塚俊介《くぼづかしゅんすけ》さんも35歳で16歳を演じていた。これも大林監督のいう「映画の嘘」というものだ。

薬の効果が次第に落ちてくると、次の薬にバトンタッチ。その薬も効かなくなってくるとまた別のものに――と乗り換えて、余命宣告から8か月後の4月、編集、アフレコなどすべて終えて『花筐』は完成した。

内輪だけでの試写を終えた監督はこう挨拶した。

「クランクイン2時間まえに余命半年と言われて、3日後に余命3か月と言われて、みんなの支えで今日のこの日を迎えることができました。映画の力だね。このままあと30年は映画を撮りつづけます。ほんとうにありがとうございました」

その前後くらいのタイミングで監督もいよいよ薬だけではなく放射線治療をはじめることになり、「食欲がなくなるほど強烈に不味《まず》い」という新しい薬も飲みはじめた。複合的にがんの治療に取り組んでいかないといけないのだろうが、いままで以上に体力が奪われ、治療のため髪が抜けて、不味い薬の副作用だろう、なにを食べても味がしないといって食が細くなり、からだも徐々にやせていった。

とはいえ大林監督である。例年どおり長岡花火を見学に行き、コンサートや舞台にも積極的に足を運び、テレビの収録をして、全国あちこちで講演をして、いくつも取材を受けて、そのあいまを縫って病院に行って検査や検査入院をした。

恭子さんが脚の再手術をするというのでまた何週間かうちに居候して、やはり毎日のようにうちから歩いて恭子さんの病室におもむき、帰宅すれば「いつ寝てるんですか?」というくらいずっと映画を観ていた。

エネルギッシュで衰えるところを知らない。

『花筐』の撮影にはずっとテレビのドキュメンタリー班がくっついていたし、この映画についてニュースやいろいろなところで取り上げられたが、どれも暗に「遺作」というつもりで番組をつくっているように見えた。それも分からないではない。僕も余命を告げられたときは素直にそう信じた。

でも監督の神がかった粘り強さと、恭子さんの類いまれなる直感と無条件の献身さ、千茱萸さんのゆるぎない信念と尽きることのないやさしさ、そして3人が支えあう愛と連帯を家族の一員としてそばで見ていると、監督が言うように、ほんとうにこれから30年映画をつくりつづけるのではないかと思ったものだった。

あるとき病院の診察室まで歩くあいだ、僕の目のまえを歩く監督が小さい声でつぶやいたのを聞いた。

「おれにはまだやりたいことがあるんだ」

さすがに30年という願いこそかなわなかったが、でも、大方の予想に反して『花筐』は遺作とはならなかった。僕たちはここからもうひとつ監督の「新作」を観ることができたのだ。

新作にして、圧倒的に自由で、革新的な大傑作を。

北ホテルにて／大傑作／笑顔と、生きることと

２０１９年２月、大林監督、恭子さん、千茱萸さん、僕の４人と、常盤貴子さんとそのチームでパリに向かった。日本とフランスが共同開催する「日本映画の１００年」という企画で大林監督の作品が上映されることになったのだ。

監督はまだ自分の脚で歩けたけれど、長い距離はあぶないからということもあって、恭子さんとふたりとも車椅子での移動となった。

「僕はパリ、はじめてですよ」

「いい町でしょ」

若いころはコマーシャルの撮影でよく来ていた町なので、監督もなじみの町、ヨーロッパにあるもうひとつのふるさとといった様子で懐《なつ》かしがっていた。

順調に仕事をこなしつつ、到着して3日目、その日はすこし余裕があるからということで車を出してもらい、家族で町を探訪することにした。

快晴のモンマルトルの丘を時間をかけて見学したあと監督が、

「まだ時間あるよね。森ちゃんを連れていきたいところがあるんだ」

――ということで、北橋《きたばし》へと向かった。

「北橋はね、おれのパリの原風景。いや、ヨーロッパの原風景かな。マルセル・カルネ監督の『北ホテル』って映画の舞台になってるんだ。ここでむかしコマーシャルも撮ったんだよ」

北橋は下町に流れるサン・マルタン運河を渡るためにつくられた橋だ。運河に沿って街路樹をそなえた石畳の遊歩道があり、若者たちが冬の長い影を落としながらどこからかどこかへと目的があるように歩いていく。近くに大学でもあるのだろうか。石畳と運河のあいだに手すりなどはなく、暖かい日差しのなか、幾人かの学生たちが脱いだダウンジャケットやコートをそこらへんに放り投げて運河の縁に腰をおろしている。

『北ホテル』は1938年の映画だが、日本で公開されたのは戦後だ。大林監督は少年時代にその映画を尾道で観ている。たぶん11歳か12歳くらいだったろう。

映画の舞台となった北ホテルは実在のホテルなのだが、現在はホテルは廃業してカフェ&レストランとして営業している。北橋からすぐの運河沿いにあり、内装も当時のものを使っておもむきをのこしているらしい。店内で軽食とコーヒーをたのみ、監督はしばし思い出にひたっているようだった。

「ここに森ちゃんを連れてきたかったんだ。これがおれからの誕生日プレゼント」

その日、2月15日は僕の誕生日だった。

生涯いただいたプレゼントのなかでもとくに忘れられないもののひとつだ。


その後移動して、記者会見があった。

監督と常盤さん、それと別の映画で来仏されていた役所広司《やくしょこうじ》さんと宮﨑《みやざき》あおいさんが登壇した。

「映画で歴史の過去を変えることはできませんが、歴史の未来はきっと変えられる。そう信じてます。わたしもあと30年は生きますから――」

控室には宮﨑あおいさんが挨拶にいらっしゃった。宮﨑あおいさんの映画デビューは大林監督の『あの、夏の日』なのだ。ひさしぶりの再会に宮﨑あおいさんも車椅子の監督と恭子さんとしゃがみながら抱きあって涙を流されていた。

その夜は家族や常盤さんたちと食事をして誕生日を祝ってもらい、それからオ・ラパン・アジルでシャンソンを堪能《たんのう》した。オ・ラパン・アジルはゴッホやルノアール、ピカソも通った歴史ある小屋で、シャンソニエといっしょに客もうたういわゆる「歌声喫茶」のような場所なのだが、大林監督を有名人だと知ってるはずもないのにシャンソニエは目ざとく大林監督に目をつけて、

「ウィ、ウィ、ウィ！」

とうたいかける。大林監督はそれに応えて、

「ノン、ノン、ノン！」

とうたう。常盤さんも「あれだけ人がいるなかで監督が選ばれるなんて、さすが監督、持ってはるわ〜」と感心していた。小屋が笑いであふれる思い出深い夜だった。

その後、映画の上映のたびに監督は舞台挨拶をし、そのあいだにドゥマゴでお茶をしたり、ラ・ロトンドで食事をしたりした。帰りの空港までの道ではゴッホが絵に描いた教会を訪れ、すこしだけ足を延ばして家族でゴッホのお墓に手もあわせた。

パリから帰れば編集のつづきだ。

そう、大林監督の新作である。
『花筐』が遺作になるのではという大方の暗黙の予想を裏切って、大林監督は2018年の夏、つまり余命3か月を宣告された2年後に、すでに新作の撮影を終えていた。おそるべき生命力、いや、あるいは「映画の力」なのかもしれない。

ところが「2時間の娯楽作を――」ということではじまった『海辺の映画館　キネマの玉手箱』のシナリオはいつのまにかふくらみにふくらんで、映画化しようとしたら常識的に考えれば4時間か5時間はかかるだろうといった膨大なものとなっていた。表現者の末席にいる身としては、監督のその「やりたいことをやるんだ！」という底知れぬ自由奔放さには頭が下がる思いである。ほんとうにすごい。

ロケ地は尾道――ということになってはいるが、宮本武蔵《みやもとむさし》、戊辰《ぼしん》戦争、沖縄戦、原爆投下、現代の広島などなど時代も場所も縦横無尽に展開するかと思えば、「鯉《こい》が泳ぐ宇宙船のなかで高橋幸宏さんがドラムをたたく」という誰も想像しえない「未来」までもが舞台になっていて、劇中もまさに監督・オン・ステージである。実際に監督も「謎の老人」として登場して調律の狂ったピアノを弾いている。

何度か撮影現場を見学に行かせてもらったのだが、これまた圧巻のおかしさだった。

舞台は竹林、新選組《しんせんぐみ》一同が早口でセリフを言うというシーンなのだが監督が、

「ここは24フレームで行こう」

と宣言する。ふつうは1秒間に30フレームなのだが、24にする――ということは、20％早送りの状態で撮影される。本番がはじまってみなが早口でセリフを言うのだが、カットがかかり、もう一度と言う。

「おたがいのセリフ終わりで重なるように話して」

緊張感を高めるという演出的な意図もあるだろうが、同時に5秒でも10秒でも作品をみじかくする、という目論見《もくろみ》もあるのだろう。

するとと監督が思いつき、

「目のまえを馬が駆け抜けるようにしよう。あとで合成するのでそのつもりで視線をやってね」

「右から左ですか」

「そう。馬は16フレームね」

「じゃあ、バッと一瞬ですね」

「そうだね」

するとスタッフのひとりが、

「じゃあ、駆け抜けたとき風が出ますよね。用意します」

そう言って走って、風を起こす手持ちの扇風機を持ってくる。

こうやって現場で監督がひらめいたことをひとつひとつ具現化していった。


いままでと唯一ちがったのは、監督がモニタのまえに座っていたことだ。

絵づくりは撮影監督の仕事だから本番中はキャメラものぞかない、モニタも見ない。監督の仕事は俳優さんを自分の目で見ることだ——と言っていたのだが、さすがにキャメラ脇に立ちつづけるということが困難になっていたので致しかたないことではあったが、苦しい判断だったろう。

とはいえ現場の監督は元気そのものだった。「映画を撮っていれば監督は元気だから」という恭子さんのことばは、ほんとうにそのとおりだったのだと思う。


撮影がすべて終わるとすぐに編集がはじまる。

通常だと撮影したデータを数日かけて整理してから編集に入るものだが、大林監督は「はやく編集をやりたい、明日からやりたい」という勢いなのでデータ整理の時間もないまま編集に突入する。ほんとうに編集が好きなのだ。

監督の頭のなかに完成のイメージはあるのだろうが、それがそのままかたちになるとはかぎらない。編集をしているうちにまたひらめいて、順序を入れ替えてアフレコでセリフを変更したり、思いもよらない「発明」をしだすのだ。おそらく撮影しているときにそのような「余地」を想定しているように思う。「ここ、編集で楽しめるな」という。

そんな監督の自由な発想を現実に「絵」にするのが撮影監督であり編集・合成の三《さん》本木久城《ぼんぎひさき》さんで、そんな監督の無理をひとつひとつ手作りでなんとかしていった。ご苦労はたいへんなものだったと思うが、三本木さんは監督から「三ちゃん、こういうことできる?」と言われたらかならず「なんとかします」と返事をした。そんな相棒がいたので完成にこぎつけられたのだ。

ひとまず「完成した」といっていいのが0号試写を迎えることができた2019年6月だろう。0号試写というのはお披露目ではなく監督によるチェック、つまり作業工程のひとつではあるのだが、監督の意向もあって僕もふくめて多くの関係者がイマジカの試写室に集まった。

その日の試写は、会場を震わす監督の「よぉ――――い、スタート！」のかけ声ではじまった。

映画は、観はじめて30秒で「わくわく」が止まらなくなり、そのまま「うわ！　うわ！　うわ！」と心のなかで叫んでいるうちにあっという間に終わってしまった。上映時間は179分。興奮して監督に「3時間があっという間でしたよ！」と言うと監督は、

「2時間59分」

とまじめな顔をして訂正された。とても大事な1分だったのだと思う。

「『花筐』が遺作のつもりでしたが、より遺作をつくってしまいました」

上映後に監督がそう挨拶をしたのだけど、事実、大林監督の革新的大傑作だろう。表現者としての極みの、さらにその先へとぶっちぎりの独走状態である。

晩年の大林映画を観ていると――とくにこの『海辺の映画館』は際立ってそうなのだけど――、「映画というメディアはこの100年ほどで可能性の5％くらいしか使ってないいんじゃない!?」と思う。さすが「僕の映画の師匠は映画を発明したエジソン」というだけあって、映画へのアプローチが既存の「商業映画」のなかにとどまっ

ていない。まったく「余白」のないぎゅうぎゅうの映画なのに、そんな「映画の可能性の余白」を目の当たりにせずにはいられなかった。

そう、この映画の最大の特徴は「余白」がないことだろう。場面転換もカットも早く、俳優さんはみんな早口で多弁で、映像的にも音声的にもとんでもない情報量が脳のなかにどどどどっと流れこむ。映画のなかにすこしでも「間《ま》」があれば監督はそこを埋めていた。絵や、セリフや、ナレーションや、字幕までもを駆使して。よく「行間を空ける」などと言うが、大林監督は逆である。「行間を埋める」——隙間があればどんどん足した。シーンによっては埋めたいがために行間を引き伸ばしたところもある。すごい。足し算、それも過剰な足し算だ。『理由』以降その傾向はあったが、ここにそれが極まった。言いたいこと、伝えたいことがとめどなくあふれ出ているのだ。

そんなおなかいっぱいの映画なのだが物語に置いてけぼりにされるという感覚はない。型破りなようで、じつは几《き》帳面《ちょうめん》なほど丁寧につくられているのだ。登場人物全員、誰がなにを目的に行動しているのか見失わないので、観客も決して迷子にならない。だからしっかりと登場人物ひとりひとりに感情移入でき、涙が止まらないのだ。

学びもあるし、メッセージは明快だし、映画的快楽に満ちていて、なによりも観ていて圧倒的におもしろい。

そう、なんと言ってもおもしろいのだ。

もうひとつ感じずにはいられないのが、これは新藤兼人《しんどうかねと》監督へのアンサーなのだろう、ということだった。

新藤監督が99歳のときに監督された2011年の作品『一枚のハガキ』に感激した大林監督は原稿用紙10枚以上にわたって新藤監督あてに感想のお手紙をお送りした。

僕にもずっと「あれはすげえぞ、あれはすげえぞ」と興奮して話してくれていたのだが、その新藤さんが複数のメディアで「ピカドンの映画を撮りたい。広島に原爆が落ちてピカッと閃光《せんこう》が走って、ドンと爆音がするまでの数秒間。それを映画にしたいが、そのための資金がない」とおっしゃっているのを知って、とても憤っていたのだ。日本映画界はなにをしているんだ、新藤さんにその映画をつくらせろ、と。

新藤監督はその翌年100歳でお亡くなりになってしまうのだが、きっと、そんなおなじ広島出身の先輩の思いを受け継ぐのだという気持ちもあったのだろうと、広島の原爆投下のシーンはもとより『海辺の映画館』の「骨格」を見てそう感じたのだ。

『海辺の映画館』は東京国際映画祭で上映されることに決まり、10月には多くの出演者にかこまれてレッドカーペットも歩いた。車椅子でだが、そのとなりにはおなじく車椅子の、一心同体の恭子さん。千茱萸さんもビデオキャメラを持ってその様子を撮影している。骨の髄まで映画一家である。

映画祭では、『海辺の映画館』上映まえに監督の舞台挨拶があった。舞台挨拶の最後にサプライズで常盤貴子さんが花束を持って登場する――という段取りになっていたのだが、監督は舞台に上がってひと息つく間もなく、

「わたしよりも女優さんを見たいでしょう。貴子ちゃーん」

「は――い！」

と常盤さんを呼び、常盤さんも「はいはいはいはい、だと思ってました！」といった様子でささささっと舞台に上がっていったのが最高だった。さすがである。

あちこちで「これから30年生きますから」と宣言していた大林監督はついにここで「あと3000年生きますから」と言い出して会場を大いに沸かせた。

3000年。

それじゃあまるで監督の映画に出てくるドラキュラみたいじゃないですか。

ここ何年か、大晦日《みそか》の夜は監督と恭子さんの家で過ごすことが習慣になっていた。いつものメンバーは常盤さん、長塚圭史さん、千茱萸さん、僕で、２０１９年も例年どおり家族のようにみんなで集まった。実際、常盤さんは千茱萸さんと連絡を取りあって監督と恭子さんのために買い出しをしたり、部屋の片づけをしたり、病院の送り迎えなどをしてくれて、ほんとうの家族になっていた。

監督の治療はしばらくまえからとうとう飲み薬から定期的な点滴へと切り替わり、肉体的な消耗は大きくなっていた。検査も頻繁になって、通院や検査入院にも大きな時間が割かれるようになり、次第に、あれだけ痛みに強い監督も背中をさすって「痛い」と言うようになった。それも骨に転移したがんのせいなのか、投薬の副作用なのか分からない。このころすでにひとりで立ったり座ったりするのもたいへんになってきていて、その日も22時をまわるまえにお疲れになったようで、恭子さんが両手で支えて寝室まで連れていった。

それでも部屋に下がりながらも監督はずっとうしろを振りかえりつつあのやさしい声で、

「おやすみ〜。じゃんじゃん食べて〜。長生きします〜、しあわせに〜」

と言いつづけた。それから寝室に消える直前にもう一度、

「しあわせに～。またあとで～」

と言い、僕たちは監督の「またあとで」ということばに笑顔になった。

「またあとで!? また戻ってきてくださいね！」

「次は２０２０年に会いましょう！」

とか言いつつ、僕たちの笑い声に誘われたのか、監督は２０１９年のうちにすぐ戻ってきてまたいっしょにお酒を飲んだ。ひとりで歩けなくとも、中身は元気である。


元気だし、なんというのだろうか、晩年の大林監督は、監督のなかにあるやさしさ、チャーミングさ、善性が蛇口《じゃぐち》全開でじゃんじゃん流れ出してきているといった感じだった。以前からそうなのだけど、ほんとうにいつも「ありがとう、ありがとう」と言っていたし、あるとき千茱萸さんの顔をじっと見てこれ以上ないくらいにこにこしながら急に、

「頑固者っ」

と言ったときは僕も千茱萸さんも大笑いしてしまった。どういう文脈でそう思ったのかは分からないが、まあ、ひょっとしたら自分を見るようだったのかもしれない、

などと思ったりもした。一卵性親子だけあっていたるところでふたりはそっくりで、監督自身もその点自覚的だったからだ。

年も明け、検査入院も回を重ねるごとに長くなっていく。毎日のように恭子さんがお見舞いに足をはこんでいたのだが、あるとき僕が代わってひとりでお見舞いに行くことになった。

病室には監督と僕のふたりで、監督はほぼずっとベッドに横になって眠ったり目を覚ましたりを繰りかえしているが、医師と看護師の出入りもけっこうあって、それはそれで忙しい。血圧をはかり、食事の配膳、検査、報告、確認……。医師や看護師がやってくるたびに寝たり起きたりのお手伝いをしたのだが、それでもからだひとつ動かすのにひと苦労といった様子だった。

その日はたまたま3月11日で、14時46分に院内アナウンスがあった。

「被災地で亡くなられたかたのご冥福をお祈りし、黙とうをささげます。黙とう――」

窓からの強い日差しが監督の病室のなかで乱反射していた。監督がのこした病院食のシチューまでもがきらきらと輝いている。僕はパリの北橋のあの1年まえの冬の日差しを思い出した。海のむこうのあの石畳の遊歩道を。静かに流れる運河に落ちる街路樹の影を。暑そうにダウンジャケットを放り出す学生たちを。あれからもう1年が経ったのだ。

監督がゆっくりと目を閉じる。すこしまえまでは入院するとDVDプレイヤで朝から晩まで映画を観ていたが、映画を観るよりも睡眠を優先するようになっていた。

コンビニの冷めたコーヒーを飲んでいると、僕のスマホに恭子さんから「明日はそちらに行くと監督に伝えてください」と連絡があった。

「監督、明日は恭子さんが来るって言ってます」

「うん」

監督は静かに目を開ける。

「恭子さんになにか持ってきてほしいものありますか？」

しばしの沈黙のあと、やさしく微笑んで監督が僕に言った。

「明日」

「……明日？」

「笑顔と、生きることと……」

「はい」

「それと、明日」

「笑顔と、生きることと、それと明日」

監督は微笑んだまままた目を閉じて眠りについた。


入院は長引いた。

恭子さんが最初の最初から懸念していたとおり病室で「ひとりでいること」に耐えられないようで、監督も口に出して「家に帰りたい」と繰りかえすようになり、監督と恭子さんの思いを優先して帰宅することとなった。実際、家に帰るとおふたりとも心底ほっとしてうれしそうだった。

『海辺の映画館』の劇場用パンフレットができると——千茱萸さんが編集したものだ——、千茱萸さんは佐藤忠男《さとうただお》さんの映画評や、キャスト45名からの監督への「ラブレター」を読み聞かせた。読み終わると監督は千茱萸さんに手をのばし、握手をした。

「えらい」

「誉められるの好き！」

監督に誉められて、千茱萸さんが子供の顔をしてよろこんだ。

最後にお会いしたときのことはよく覚えている。

家族4人でリビングでケーキとコーヒーをしていたとき、監督が横になりたがったので、いつものように千茱萸さんとふたりで監督をベッドまで連れていった。ゆっくりと座ってもらって、ふたりで抱きかかえて横になってもらう。

「森ちゃん、いる？」

「いますよ」

僕は手をのばして横になった監督の手を握った。大きな手だ。やせても監督の手は大きくてなめらかだった。

「ありがとう」

監督はちょっと絞り出すような声でそう言った。

もうすこし恭子さんとおしゃべりしていきますねと告げて寝室を出る。リビングで恭子さんと千茱萸さんとおしゃべりをして笑っていたら、しばらくして寝室からふらっと監督が出てきたのだ。

「え？　監督!?」

監督はもうひとりで起き上がったり歩いたりできなくなっていたのに、ひとりで寝室から出てきたので驚いて立ち上がった。ちょっとうとうとしてたけど楽しそうだったので来てみたよ、そんな感じだったのだが、あれはいまでも不思議で仕方ない。どうやってひとりで起き上がったのだろう。

それから4人でいっしょの時間を過ごし、恭子さんにテーブルにあったケーキを口まで運んでもらって食べ、監督は顔じゅうで美味しそうな表情をした。それを見てみんなで笑顔になった。

そろそろ帰りますと言って、千茱萸さんと僕は席を立った。

そのときもやっぱりいつもどおり監督の大きな手と握手した。大きくて、大好きな手だ。

大林監督は握手をしながら、

「ありがとうね。ありがとう」

そう繰りかえした。

その日／宝島から映画館まで／光と影のなか

「外国でインフルエンザみたいなものがはやってるらしい」と聞いて「へえ、そうなんだ」なんて思っていたら、その「インフルエンザみたいなもの」＝「新型コロナウイルス」がまたたく間に世界中で蔓延《まんえん》してあっという間に数万もの命が奪われた。医療が崩壊し、経済活動もほぼ停止、打つ手がなく外出が禁止されるという未曽有《みぞう》の事態におちいった。２０２０年はじめのことだ。

その未知のウイルスが日本に入ってきてからは、坂を転がるようだった。展開が目まぐるしくてなにがなにやらという日々のなか町はからっぽになり、飲食店や書店やライブハウス、もちろん劇場、映画館も悲鳴を上げて、文化の灯《ともしび》が消えかけた。東京五輪が延期になり、マスクもトイレットペーパーも手に入らなくなった。日本もふくめて全世界が突然の「停止状態」を余儀なくされ、日本でも新型インフルエンザ等対策特別措置法にもとづいて緊急事態宣言が発出された。

2020年4月10日、その日は大林監督の最新作『海辺の映画館　キネマの玉手箱』の公開日だった。しかし発出された緊急事態宣言のため公開が延期となり、その当日、大林宣彦監督は天国に旅立った。「その日」に旅立つというのも大林監督らしい。

もっとたくさん映画をつくりたかっただろうし、事実いくつかの企画が動いていたのだけど、余命3か月を宣告されてから3年8か月も生きて、肺がんと共存しながら――大林監督は「闘病」と言わず、がん細胞と「共存する」と言った。がん細胞さえ「大林ファミリー」にしてしまったのだ――、世界に類を見ない映画を2本もつくられたことを考えれば驚異的だろう。

緊急事態宣言下であるため、葬儀は身内でつつましくおこなわれた。

亡くなられたとき、監督の家の大きな窓の外には八重桜が咲きほこっていて、その年の八重桜は不思議なくらいいつまでも散らなかった。春の蝶《ちょう》がそのまえを行きつ戻りつしていて、うぐいすが鳴いて。

うぐいすが鳴くたびに「あれは監督なんじゃない？」とよく家族3人で話した。うぐいすもいつまでもずっといた。たぶんほんとうに監督だったのだと思う。


監督の四十九日を迎えても感染の勢いはおさまる気配はなく、緊急事態宣言はいったん解除されたものの自粛モードは依然つづいていた。

千茱萸さんと僕はマスクをして恭子さんの住む成城の家を訪れた。千茱萸さんと「分からない、分からない」と言いながらZoomの設定をして、いい高さにならないので水差しのうえにスマホをのっけて、芦別の永昌寺《えいしょうじ》さんとオンラインでつなげる。

永昌寺は大林監督の『野のなななのか』の舞台にもなったお寺で、そこで四十九日の法要をしてくれるというのだ。タイトルにある「なななのか」は七七日、つまり四十九日のことなので、現実が映画のなかに溶けていくようだ。

画面の向こうではぽくぽくぽくと木魚が鳴りはじめる。オンライン法要である。すごい時代になったものだ。法要が終わると画面を共有していた映画の出演者やスタッフ、芦別のみんなとひさびさに再会した。

「お元気ですか？」

「恭子さーん」

話しかけられた恭子さんは始終ずっと、

「ありがとう、ありがとう」

と言いつづけた。監督がいつもそう言っていたように。

監督は亡くなるその日までずっと「ありがとう」と言いつづけていたという。

「夢のなかでもずっと。『ありがとう、ありがとう』って」

あるときは撮影現場の夢を見ていたらしく「よぉ――――い、スタート！　オッケー！　お疲れさま、ありがとう」と言っていたという。夢のなかでまで撮影していたのだ。

そして目を覚まして恭子さんが近づいていくとにこっと笑って、

「2コマ近づいた」

と言ったそうだ。目が覚めても映画だ。

恭子さんは「この度、監督は、次回作のロケハンに出かけました」と追悼コメントを発表したが、ほんとうにそうだ。いまごろほかの誰にも撮れないとんでもない映画をつくっているだろう。

でもそれと同時に、いつまで経っても監督がいないということをうまく飲みこめないでいた。

テレビでも新聞でもそのように報道されていた。亡くなった翌日に届いた新聞の一面は感染対策として「休業要請始まる」という記事で、そのすぐとなりにこうあった。

大林宣彦監督死去　82歳

ほんとうだろうか。

大林監督はいつも「生者と死者が入り乱れてとなりにいる」という映画ばかりをつくってきた。生と死との境界が極端にひくいのだ。

そのことについて大林監督は、

「戦争中に育ったというのもあるし、あと、実家のとなりが墓だったからかなあ」

と言っていたけれど、遺作からさかのぼった4作『この空の花』『野のななのか』『花筐』『海辺の映画館』でも死者はふつうにそのへんにいて生きている者と交流をしていた。ある者は一輪車に乗ってさっそうと登場し、ある者はかばんを片手にやってきて家族として暮らし、ある者は自転車に乗って映画館に通ってくる。

『異人たちとの夏』では子供のころに死んだ両親と再会する。

『あした』では小型客船に乗って死者がこちらの世界にやってくる。

『その日のまえに』でも……。


雨のなか葬儀を終えて監督のいない成城の家に戻ると、留守番をしてくれていた人たちがDVDで『ふたり』を観ていた。『ふたり』も、死んだ姉がドジな妹のことをそばで見守る、という映画だ。

テレビのまえにずらっと置かれた供花が花畑のようで、その花畑の向こう岸で、生者である妹の実加《みか》を演じる石田ひかりさんと、亡くなった姉の千津子《ちづこ》を演じる中嶋朋《なかじまとも》子《こ》さんがあたりまえに会話をしている。

「お姉ちゃん、ずっとそばにいてくれたんだ」

「うん」

そんな映画を泣きながら観ていると（そりゃあ泣く）、やはり大林監督はいまも日常的にこのへんにいるんだろうなと思うのだ。ずっとそばにいてくれたんだ、というように。

映画のなかではずっと雨が降っていた。窓の外でも雨が降りつづけている。なんだかまるで大林監督が演出しているみたいだった。

『海辺の映画館』のあたらしい公開日の7月31日は緊急事態宣言は解除されていたものの、感染防止のために座席の間隔は空けられていて半分に減らされ、舞台挨拶や会見はない。大林映画にとってはさびしいが、そう思ったからか、公開日の当日に常盤貴子さんが石田ひかりさんを誘って監督の家に来てくれた。

ふたりでお線香に火をつけ、遺影に手をあわせる。

遺影の大林監督は31歳で、モニュメントバレーで馬に乗っている。となりには馬に乗ったチャールズ・ブロンソンもいたのだが、遺影にするためにカットさせていただいた（ごめん、ブロンソンさん）。馬上の遺影というのも監督らしいというか、なかなかないんじゃないでしょうか。

お茶をいただきながら、やっぱりみんなで監督の思い出話に花が咲いた。

「おふたりが腕を組んで入ってきたの」

石田ひかりさんがはじめて監督に会ったときの印象だ。

映画のオーディションということで待ちあわせの喫茶店で待っていると、大林監督と恭子さんが腕を組んで入ってきた。なんて素敵な人たちなんだろう！　オーディションというよりはおしゃべりをしただけなのだが、後日ひかりさんの誕生日に花束と『ふたり』のシナリオが送られてきて、そこには役名の「実加へ」と書かれていたという。

常盤さんはデビューしたかしてないかというタイミングでその『ふたり』を観て「いつか大林監督の映画に出たい」と思い、映画雑誌にその夢を語った。その記事を大林監督が読んで覚えていて『野のななのか』の出演になるのだから、ここでもつながっている。

「ひかりちゃんと貴子ちゃんにはおなじ映画の血が流れてるんだね」

千茱萸さんはそう言った。

ありがたいことに『海辺の映画館』は数多くの賞に輝いた。

授賞式があれば大林監督の代理で恭子さんが登壇したし、恭子さん自身もプロデューサーとしていくつかの賞を受賞した。授賞式ではかならず大林監督の遺影を手にして舞台に上がり、大林監督が託した「平和への願い」をスピーチした。

「今日はこの会場の最前列に大林も来ていると思います。映画の力が未来の平和へつながるバトンとなる。それがわたしたちの願いです」

大林監督の晩年の作品はときに「反戦映画」と呼ばれた。しかし大林監督自身は自分の映画を「戦争はいやだ」という実体験から「厭戦《えんせん》映画」と呼んでいて、正義も叫ばなかった。

「戦争を止めるには、戦争とおなじくらいの力がいるんだよ。それは正義じゃなくて、人間の正気。もしも政治家や経済人が正義を叫んだら疑ったほうがいい。正義じゃなくて、正気を求める。それが表現者のやることなの」

大林監督は生前よくそう言っていた。


恭子さんは朝から晩までピアノのCDばかりを聴いていた。ビル・エヴァンス、ラン・ラン、中島《なかじま》ノブユキさん……。

「ずっと聴いてる。涙が出ちゃう」

恭子さんといっしょにご飯を食べたりお茶をしたりしてテレビをつけると、新型コロナのニュースばかりだ。出演者のあいだに透明のアクリル板がある。

「へんな世のなかになったわね」

「ほんとですね」

監督だったらどんなことを言っただろう。そう考えずにはいられなかった。

コロナ禍を行き来するということもあって千茱萸さんは車の運転を再開した。千茱萸さんの運転で都内を走っていると、恭子さんも監督を乗せて自分で運転していたころを思い出すようだった。脚を骨折するまで移動はかならず恭子さんの運転だったし（僕もずっと乗せてもらっていた）、地方に行くとなれば東京駅や新横浜駅まで運転した。

「むかしは青山《あおやま》に事務所があったからこのあたりは毎日運転してたの。でもすごい渋滞するようになって。さすがに時間がもったいなくて。それで事務所を成城に引っ越したの」

「いつくらいですか？」

「１９９５年ですね。『あした』をつくってたときだから」

恭子さんはかならず作品で年を覚えている。

移動制限もゆるまり、ある程度往来がしやすくなった２０２２年6月、家族で北海道芦別を再訪した。目的地は芦別を見下ろす山の中腹にある「あした山荘」だ。もともとは大林監督が宿泊したり執筆などができるようにと用意してくれていた山荘だが、その山荘でなにかできないかと考えた有志が「カフェにしよう」と改装し、「COFFEE AND CINEMA あした山荘」としてオープンしたのだ。

店内はクラシックなテーブルや椅子がゆったりとならび、選びぬかれた調度品やテーブルクロスなども美しく、映画の舞台にでもなりそうな内装だ——というのも当然で、大林組で長年美術監督をつとめていた竹内公一《たけうちこういち》さんが『野のなななのか』の縁で内装を担当している。

「映画がつないだご縁ですね」

恭子さんもよろこばれていた。

大林映画のファンが芦別をさまよえる拠点になれば——。若くしてお亡くなりになった鈴木評詞さんのそんな夢を受けついでこのカフェは生まれた。どうか思う存分芦別をさまよって、ここで美味しいコーヒーやハーブティを飲んでください。

ひさびさのみんなとの再会をよろこんで夜は監督もかよっていた居酒屋で満腹になるまで食べて飲み、外に出ると降るような星空で、ああ、「星の降る里あしべつ」という名前のとおりだなあ、ここはまったく変わらないなあと感動した。変わらない里があることの、なんとうれしいことか。

めずらしく旅行がつづき、そのすぐあとに尾道を訪れた。

尾道映画祭で『ふたり』が上映され、上映後には石田ひかりさんと恭子さんと千茱萸さんのトークイベントがあったのだ。

映画は上映開始から涙が止まらず、最後の主題歌「草の想い」では大号泣だった（大林監督がうたっているのだ）。トークでも石田ひかりさんが「真っ先に思ったのは、監督に会いたいなっっっってのがほんとうにもう……」とことばをつまらせていたのを見て泣いて、恭子さんが「胸がいっぱいです。監督といっしょじゃない尾道ははじめてなので……」でやっぱり泣いた。

恭子さんからは果たされなかった映画の話も出て会場を驚かせた。

「赤川次郎さんが『ふたり』の続篇《ぞくへん》を書かれたんですよ。それを映画化する予定だったんです、ひかりちゃんで。監督もおもしろがってたんですけど……」

「『来年ひかりで映画を考えてるからスケジュール空けておいてね』って監督がおっしゃってくださって……。ほんとうにうれしかったです」

ああ、その映画を観たかった。やっぱり泣きっぱなしの1日だった。

翌日は石田ひかりさんと千茱萸さんたちと尾道を歩いた。

実加がぐるっと回りこむ電信柱、千津子が亡くなった家のまえなどロケ地めぐりを経て、ひさしぶりに大林監督のご実家も訪ねた。僕は15年ぶりくらいだろうか。

監督の実家の正門のすぐ脇に、大林家が所有していた三軒長屋がある。

「その三軒のいちばん手前の家。むかし、あそこに新藤兼人監督のお兄さんが住んでたの」

そのお兄さんを訪ねてやってきた新藤兼人さんの膝のうえで、大林少年は遊んだことがあるという。新藤監督と大林監督にはそんな交流があったのだ。

大林家は立派な日本家屋だ。屋根は瓦屋根。あそこをすべり落ちて遊んでいたのかと思うとおそろしい。けっこう高い。

なかに入ると千茱萸さんが広い屋内をすいすいと案内してくれた。監督たちが忙しかったころ毎年夏になるとここにあずけられていたので勝手知ったるなのだ。

「ここは台所。奥が貯蔵部屋。ここの冷蔵庫にはかならずバヤリースが入ってて……」

食を生業《なりわい》とする千茱萸さんがはじめて料理したのもここの台所だという。

「何歳くらい?」

「4歳くらいかな」

4歳！　魚肉ソーセージのソース炒めとチキンライスのケチャップライスをいっしょにしたら美味しいにちがいないとひらめいた千茱萸さんが、監督のお母さま・千秋さんの助けを借りつつ踏み台のうえにのってつくったのがその「魚肉ソーセージケチャップライス」だという。一皿目がひらめきの創作料理って。

「よくつくれると思ったよね」

「自信しかなかった」

そう、千茱萸さんは根拠のない自信の国の住人なのだ。


小学校をみずからの意志でやめたのち、千茱萸さんも中学に進学するわけなんだけど、そのときの逸話も僕からすると信じがたく千茱萸さんらしい。

千茱萸さんに仲のよかったひとつ年上の幼馴染《おさななじみ》がいた。その彼が通っていた中学がすばらしいと聞いて、じゃあわたしもと千茱萸さんもその明星学園《みょうじょうがくえん》中等部を受験することになった。算数・絵画・感想文・面接の4つの試験を終え、帰宅するなり千茱萸さんは自信満々で両親にこう告げた。

「絶対に合格した！」

とくに面接の手ごたえが抜群で「いちばん好きな本はなんですか」という質問にアルセーヌ・ルパンのすばらしさを力説してきたらしい。あまりにも自信に満ちていたのであの両親でさえ「これで落っこちていたらどう慰めたらいいんだ」と不安になったそうだ。

そんな両親の不安をよそに、結果は見事合格。「いまのわたしをつくってくれたのは明星学園だね」というほど楽しい中学校生活だったらしく、小学校と打って変わって3年間皆勤賞だった。

しかし卒業のときに担任の先生から告げられたのは「入学試験の算数、あなたは0点だった」という衝撃の事実だった。

0点て。

しかし、それを補ってあまりあるほどルパンの力説がお見事だったらしい。

「それと、本の『影』を描いたのはあなただけだった」

絵画のテストは「机に置かれた本を描く」という実技だったのだが、本にあたった日の光が美しくて、千茱萸さんはその「本の影」を一所懸命に描いた。影を描いたところで時間切れとなり、結果として「影」しか描いていない絵を提出したのだという。

「……よく影の絵だけ描いて『絶対に合格した！』って思えるよね」

僕が啞然《あぜん》としてそう言うと、千茱萸さんはこう答えた。

「確信しかなかった」

そういう人なのだ。算数が0点だったのに。


実家の急な階段を2階に上がると、一室にピアノがある。年季の入った古いピアノで、監督が子供のころから弾いていたピアノ、弦を供出されていた「音の積み木」だ。

「ここが監督のお部屋？」

ひかりさんが訊く。

「ピアノを弾くときだけ来たって感じかな。いつも誰かといるのが好きだったから。まだ鳴るよ。かなり音は狂ってるけど」

そういって千茱萸さんはピアノを弾きはじめた。『ＨＯＵＳＥ』のテーマだったが、それが分かったのは知っている曲だったからだ。それくらい調律が狂っている。『海辺の映画館』で大林監督が「謎の老人」に扮《ふん》して弾いていた「調律の狂ったピアノ」というのがまさにこのピアノだ。映画のためにわざわざこのままスタジオに運んだという。大林監督と戦争をつなぐもの。それが「かつて音が鳴らなかったピアノ」だったということだ。

ピアノのうえの写真たてに監督のお父さま・義彦さんの若いころの写真が入っている。丸眼鏡をかけて、軍服を着ている。義彦さんは50を過ぎてからピアノを弾きはじめてじきにプロ並みの腕前になったというから、監督のピアノの腕は父親ゆずりだったのかもしれない。このピアノは監督のものでもあったし、お父さまのピアノでもあったのだ。

その部屋を出ると、千茱萸さんが僕を廊下の先へとうながす。

「その廊下の奥が、監督が子供のとき映写機を見つけた蔵ね」

昼間なのにほの暗い廊下の先に扉がある。庭にある蔵が「映写機を見つけた蔵」かと思っていたが、それとは別に2階の一室を「蔵」と呼んでいたのか。

なかをのぞくと、奥に長い部屋だった。壁の両脇に桐《きり》ダンスが並んでいる。部屋の中央には比較的新しい金属製のラックがあり、その上にも木箱や茶器などが積まれている。ほんとうに倉庫のようだ。暗い。正面の窓からの光がちょうど白く発光する映画のスクリーンのようで、かえって部屋を逆光の影でおおってしまうのだ。

ひとりで息をひそめてその光と影のなかに足を踏み入れる。

幻想的で、まるで『時をかける少女』の実験室か――、あるいは映画館の映写室のなかにいるみたいだ。

ここからすべてがはじまったのだ。

『ポパイの宝島』から、『海辺の映画館』にいたるまでのすべてが。
大林監督の80年近い映画作家人生がここ、まさにこの場所からはじまったのかと思うと、時をかけて、この光と影のなかのいまここに、かつての大林少年がいるような気がした。

大林少年が駆けこむように「蔵」にやってくる。
いつも遊んでくれるお手伝いさんもいない。
暇をもてあました少年は気まぐれにこの薄暗い部屋にやってきて、
ふと、見慣れない木箱があることに気がついた。
町の誰かがまたなにかめずらしいものを持ってきたのだろう。
中身はなんだろう……。
箱を開けると、ブリキの映写機だ。

少年はその機械を機関車のおもちゃだと思い、
顔をほころばせて手に取ってみる――

それが、運命の瞬間だ。

彼はまだ知らない。
そのおもちゃが自分の人生を変えて、
そのおもちゃで一生遊びつづけるということを。
そしていくつもの革新的な映画をつくり日本映画界を変え、
世界を魅了し、多くのフォロワーやファンを生み、
その人たちの人生をも変えることを。
映画を愛する人たちに愛の美しさや切なさを教え、
平和を手繰りよせる力を与えることを。

僕がいまここに立っているのも、そう、
その瞬間がつむいだいくつもの縁のひとつの端だ。

ここから時計が動きはじめたのだ。

いま、この時に向かって――

みんなが階下に下りていってからも、僕はしばらくその蔵から出られなかった。ここは歴史そのものだ。歴史の磁場が、僕の足をここに釘《くぎ》づけにする。

凍りついたような時間のなかで、電車の音が聞こえた。大林家の庭のすぐ下は線路なのだ。電車は古い家屋をかすかに揺らしながら西から東へと走り去っていく。尾道から出ていく電車だ。監督が子供のころ、その線路を汽車が走っていた。汽笛を鳴らして、煙をはきながら。

あの発光する窓を開けたらそんな景色が見えるのではないか。

光と影のなかで、そんな気がした。

つづきとおまけ／あとがき／大林監督とは

ぼおーっとしたまま大林監督の実家を出たあと、ああ、そういえば監督の家のとなりは墓地って言ってたなあと思い出して目のまえの土壁の向こう側をのぞくとそのとおり墓地だった。けっこう広くて、墓地だから当然だけど抜けるように空が高い。尾道市内には100を超える寺があるという。たしかに歩いていると右に左に寺や墓がある。尾道は坂の町であると同時に、寺の町でもあるのだ。そりゃあ死生観にも影響するにちがいない。

その後みんなで茶房こもんでひと息つき、監督が子供のころから大好物だった桂馬《けいま》のかまぼこと天狗寿司《てんぐすし》で買いものし、西願寺さんで薩谷和夫さんのお墓参りをした。暑い日だった。6月とは思えないぎらぎらとした日差しだが、海からの風が尾道の細い階段坂を駆け上がってきて気持ちいい。監督は「尾道はイタリアなんだよ」と言っていたのがなんとなく分かる気がする。あれは冗談じゃなくて本気だったのかもしれない。

「家に帰ったら連絡ちょうだい」

千茱萸さんに見送られて尾道駅から在来線に乗る。仕事をのこしてきたので僕だけ先に東京に帰るのだ。在来線の右手の窓からは、建物と建物のあいだを海がちらっちらっと瞬《まばた》きするように見える。列車がゆるいカーブを描きながら尾道大橋《おおはし》の下をくぐると、やがて海は灰色の家々の向こうへと消えていった。監督も尾道に行くときはいつもこの路線を利用した。新幹線の新尾道《しんおのみち》駅とちがい、車窓に海が見えるからだ。

8年ぶりの尾道だった。最後に来たときは大林監督が駆けるように町じゅうを案内してくれた。年の瀬の、やはり晴れた日だった。常盤貴子さんたちがいたときだ。そのときはまさか監督がいない未来が来るとは思ってもいなかった。思い出すのはどうしてか、どうでもいいことばかりだ。

僕と千茱萸さんの記念写真がほしいからとポンポン岩で監督にデジカメを渡して撮ってもらおうとしたら、どういう不具合かそんな設定にしてないのに大林監督がシャッターを押すとストロボがプシュッと飛び出すということが2度つづいた。ためしに僕がシャッターを押しても飛び出さない。「おかしいですねえ」と監督に渡すとまた飛び出した。

「なんの大林マジックですか！」

尾道を見下ろす岩のうえでしばらく笑いが止まらずみんなで腹をかかえていた。ほんとうにどうでもいいことなんだけど、そういうことがやたらと記憶にのこっている。

福山で下車して、コーヒーを買って新幹線に乗りこんだ。一日じゅうあの町を歩きまわったので太陽の匂いがシャツにしみついているようだった。そんな匂いをまといながら僕はノートとペンを取り出して車中でさっそく仕事にかかった。連載中のマンガのネームで、ノートを開くとあっという間にそちらの世界に入りこむ。鉛筆を走らせながらもうひとりの俯瞰《ふかん》の自分が「やっぱりマンガを描くの好きだなあ」と思っているのが分かる。

マンガを描いていてなにがいいって、絵もことばも完璧じゃなくていいということだ。

すべてを絵で描かなくてもことばで補足できるし、ことばで説明しづらいことは絵で見てもらえば一目瞭然。その「完璧じゃない絵」と「完璧じゃないことば」のあいだに想像力をかきたてる「余白」をつくり出せるし、それが「詩」になるのだ。

でも、あえてどちらかというと僕はことばの人だ。

「水で描いて墨を落として、細かいところは爪楊枝で」という画風なので絵が印象にのこりやすいし、たしかに僕のなかで「こういう線を描きたい」という確固たる嗜好《しこう》はある。そのおかげかありがたいことに「絵がいい」と誉めていただくことがあるのだが、じつは物語をリードしているのは「ことば」のほうなのだと自覚している。まあ、そんなこと僕以外の人にはなんの関係もないのだけど——などと思っていたらあるとき大林監督が不意に、

「森ちゃんはことばの人だよね」

と看破したことがあって椅子から転げ落ちるほど驚いた。それを指摘したのはあとにも先にも大林監督だけだ。なんて批評眼なんだろう。おそろしいくらいだ。

僕がマンガ家としてデビューしたのは35歳のときだ。だいぶ遅い。世代的にも監督の子供の世代よりすこし若いだろう（僕は千茱萸さんの11歳年下です）。なので知り

あった当初大林監督は表現の世界に紛れこんできた僕をあたたかく見守る「教育者」として折々で進む道の先で光を示してくれた。さりげなく「作劇的にね」と作家の視点を教えてくれ、「森ちゃんが絵を描いてくれるからね」と腕をふるう機会を与えてくれたのがそれだ。まちがいなく、大林監督のそばで過ごしていなかったらいまの僕はいなかった。

マンガ家としてデビューしてからもたくさんのことを勉強させてもらった。「こうしたほうがいいよ」という明確な助言こそほとんどなかったが（「太ったほうがいい」くらいだ……）、でもそれは大林監督が僕のことを表現者として敬意を払ってくれていたからだと思う。自由にやりなさい、好きなようにやりなさい、人の真似をするくらいなら自分らしく失敗しなさい……。

若い映画監督志望には「映画に向かいあえばいい。映画界に向かいあう必要はない」と指導していたし、それはそのまま自分の「マンガに向かいあう」という指針になった。若いアイドルからアドバイスを求められたときは「商品になってはいけない」と言っていて、それもおなじく自分のこととして肝《きも》に銘じた。そんな監督のことばから道を外したことはしていないつもりだ。

単行本をお渡しするたびに大林監督は感想を送ってくれた。ときには長い論文のようなメールをくださった。

「学生時代、僕は『道化の領分』という中編小説を書いていますが、これは敗戦後の即《すなわ》ち、アプレゲール（文学的意味のです）のデカダンス気分に影響され、どうせ天才に成れぬならせめて、道化の領分を、と傲慢《ごうまん》な若さに任せてものしたもの。そんな僕の人生の直《す》ぐ横になんと天才がいたじゃないか！」

大林監督からの賞賛なのでひかえめに受け取るけれど（一度など事務所に行くと飛ぶように僕のもとにやってきて握手を求め「おれはいま『トロイエ』の作者と握手してんだぞ！」とほんとうにうれしそうな顔をしてくれた。「トロイエ」という読み切りが載ったマンガ誌をその前日にお渡ししていたのだ）、それでも、監督からのメールを読むと自分の進んでいる道はまちがっていないのだなと信じられた。誉めすぎるところはあっても、思っていないことは口にしない人だったからだ。

よくインタビューなどで「大林監督からの影響はありますか？」と訊かれることが

ある。

影響がないわけがない。

あんな才能のかたまりみたいな人がそばにいて影響を受けるなというほうが無理だろう。独創的な発想の持ち主で、創作に対して原理的で、勉強熱心で知識が豊富で、瞬発力があり、それでいてねばり強さもあり、人の意見に耳を貸し、やりたいヴィジョンとフィロソフィーがある。死角がまるでない。それになにより「命がけ」で作品をつくるその背中をうしろから見せてもらって、表現者かくあるべしという態度を学んだ。

思い出してみれば大林監督は、大学の授業でも生徒にむかって技術や知識や演出法の話は一切しなかった。そのかわりずっと「表現者かくあるべし」というフィロソフィーを語っていた。「根も葉もある常識人であれ」「正義ではなく正気を」というのもそういうことだと思うし、授業では「アーティストはジャーナリストであるべき」と言っていたが、それもおなじことだろう。作家にとって問われるのはいつだって「あなたはどういう人間なのか」ということなのだ。

そんなメッセージを受け取った人は数多くいるだろう。実際に教えてもらった生徒、講演の聴衆、テレビのドキュメンタリーを見た視聴者、著書の読者、そしてもちろん映画の観客……。

監督から受け取ったそんなバトンは次の世代にもしっかり渡さないといけない、その責任を果たさないとな、と思う。そんな大林監督のフィロソフィーが僕をふくめ多くの人びとのなかで生きているかぎり、やはり大林監督の「たましい」も生きているのだと思う。まちがいなく。

生きている――といえば僕はそんな夢を何度も見ている。

メモがのこっている。こんな夢だ。

亡くなった監督が僕の目のまえでむくっと起き上がった。「え⁉ わ！ 監督が生きかえった‼」僕は狂喜乱舞。うつぶせの大林監督の背中をマッサージする。背中は若いころのようだ。日焼けして筋肉がついている。監督はマッサージをよろこんでくれている。その部屋は全面ガラス張りだ。外では千茱萸さんがキャメラを回していて女性たちを撮影している。女性たちは緑や紫のカラフルな衣装を風になびかせながら向かいの家の窓やドアから出たり入ったりしている。踊っているようだ。

こういう夢は一度や二度ではない。

ある夢ではベッドに寝ていた監督が力強くハグしてくれた。姿は晩年のやせた病身なのだけど、抱きしめる力が信じられないくらい強くて「すごいじゃないですか監督！ めちゃくちゃ強い！ いたたたた！」と大よろこびする夢だ。

べつの夢のなかではまた監督が生きかえって家族4人で観劇をしたし、また別の夢ではあいかわらずダジャレを言って笑わせてくれた。監督は夢のなかでもダジャレを言うのだ。

こうも何度も出てきてくれると「もういない」とはなかなか信じがたい。そんなこともあって、会えなくてさびしくはあるけれど、「そばにいてもたまたま見えないだけ」という思いはさほど変わらない。恭子さんが言うようにほんとうに「ちょっとロケハンに行ってるんだな」というような気持ちだ。こっちとそっちを行き来しながら、もうすでに4、5本くらいは映画をつくられているにちがいない。

それでもごくたまに、見かえしていたアルバムに不意に監督の姿を見つけたりすると、ああ監督はもういないんだなと急にその事実が胸に迫ってきてどうしようもなくなることがある。でもきっとそんな様子も監督はどこかで見てくれているにちがいない。そう思う。

「大林監督ってどういう人なんですか？」という質問もたびたび受ける。このエッセイを読んでいただければだいたいは分かるだろうと思うけど、そう——、たとえば以前こんなことがあった。僕が事務所勤めをしていたときのことだ。確認してもらうゲラを渡してしばらくすると、監督が僕のデスクまでやってきた。

「森ちゃん、大きい紙もらえる？　あとハサミもある？」

「紙ですか？　コピー用紙でいいですか？」

「なんでもいいよ」

「これがいちばん大きいんですけど」

Ａ３のコピー用紙を渡すと、テーブルで黙々となにか作業をはじめた。

終業時間になって僕も用事があるので先に失礼して、翌朝事務所に出てくるとゲラがハサミで切りきざまれ、渡したＡ３の紙に糊《のり》で丁寧に貼りなおしてある。文字どおりテキストを物理的に切って貼って不要な部分をカットし、空いたスペースにフォントとおなじ級数で文字を書きこみ、行数を調整し記事のレイアウトからはみ出さないかたちで書き足している。よく見ると行のいちばん下の文字をひと文字切って次の行のあたまにくっつけて手作業で「改行」している。ゲラの後半すべての行をだ。

凝り性というか、そんなことに才能と時間を使わないでくださいよ……と思ったものだったが、それはそれとしてテーブルの下はその切りくずが散らばっている。掃除ももともと僕の仕事だし、大林監督はそのときもう70代。しゃがんで細かい紙の切れはしを拾うこともむずかしい。掃除機かけないとなと思ってると、デスクに僕あてのメモがのこされていた。


「床、汚してゴメンネ!!」


まったく僕をきゅんとさせてどうする気だ。

チャーミング。

大林監督は誰に対しても垣根なく常にそういう人だった。

原稿依頼が来るといつもの万年筆で手書きで、かならず原稿用紙の1枚目の余白に先方の会社名と名前と「コメント3つ考えました。よろしいものをお選びください。よろしくお願い致します!!」などとコメントを添えた。

時間に余裕のあるときはいただいた手紙ひとつひとつに丁寧に返事をした。こちらも万年筆で手書きだ。ステッキ店からステッキをお贈りいただいたときにたまたま手元に五線譜がデザインされたハガキがあり、監督は音符を書き入れ「すてきなステッキ～」と歌詞をつけて新曲をお礼状としてプレゼントしていた。才能を分かつことにまったく出し惜しみがない。なにごとも大盤ぶるまいなのだ。

大盤ぶるまいでいうと「1時間お話をうかがわせてください」という依頼で取材をセッティングするとかならず3時間はしゃべった。事務所勤めをしているときはちょくちょく監督の話している部屋にお茶を持っていって先方が終わりのタイミングをつかめず困惑していないか確認しないといけないほどだった（当然ながら依頼を受けた時点で先方には「長いですよ」とは伝えてある）。

「だって2時間しゃべってからようやく本題でしょ？」

大林監督はそう言っていたが、まあ、取材を受ける身としてその気持ちも分からなくはない。しかし映画の上映後のトークが終わらなくて劇場から、

「終電がなくなります。お帰りになるかたは駅へ急いでください。あとは自己責任で……」

とアナウンスが入るくらいしゃべりつづけていたし、『この空の花』のＤＶＤの特

典にメイキングをつけることになって大林監督みずから編集をしはじめたら、そのメイキング映像が6時間になったという「事件」もあった。映画本編の2倍以上だ。そんなことある?

そういった予断を許さない本気はもう、いつも過剰なほどすごかった。1000人入るホールでも10人相手のトークイベントでも変わらずおなじ熱量でお話しした。「映画のエンドマークは断念」と言っていたけれど、映画だけではなくトークでもメイキング映像でもなんでも終わりたがらなかった。

大林監督はどんな人か。

このように、チャーミングで、偉そうなところがなく、才能の出し惜しみをしない人だった。ほかにも答えようはたくさんある。

やさしくて、愛にあふれ、誰に対してもフェアで、辛抱強く、ありとあらゆることを楽しんだ人だった。なんといっても映画づくりをこころの底から楽しんでいた。映画だけじゃない。コマーシャルだろうがミュージックビデオだろうが、なにを監督しても「個人映画」をつらぬいた映画作家だった。

実験精神にあふれ、やりたいことのためにひとつひとつ「発明」をしていく姿は発明家だし、ほかの人がその道を進むのならおれはちがう道を行くよと自分の道を追求する芸術家だったし、それでいて独りよがりにならないエンターテイナーだったし、作詞作曲をしてロマンチックなピアノを演奏し歌もうたう音楽家でもあったし、エッセイや映画論や人生論など求められればなんでもござれの文章家で、ねばり強い教育者で、平和を希求する根も葉もある常識人で、ジャーナリストだった。

絵も描いたし、タップも踏んだし、スポーツマンで健啖家《けんたんか》。

よくダジャレも言ったなあ。

真夏にクランクインした日に、僕にこんなメールをくださった。

「猛暑ンピクチュア、はじまりました!!」

毎回毎回返信にこまったが、すごいなこの人はとそのバイタリティには舌を巻いた。

いま言ったことはすべて質問の「正解」ではあろう。大林監督は映画を愛し、音楽を愛し、文化を愛し、自由を愛し、平和を愛し、家族を愛した。

そう、家族。だから僕もちょっと照れくさいけれど、家族の一員としてこう返事するのがいちばんいいだろうと思う。

大林宣彦ってどんな人か。

「大林宣彦は僕の父です」

――と。

※

というわけで――、
監督、あなたについて書かせてもらいました。
夜中にひとりで近所を散歩していると、やっぱりいまだに「ああ、この道を監督と歩いたな」とか「ここで手を振っていたな」なんて思い出します。そういった監督の空気もまだ色濃くのこっています。
毎年監督の誕生日には恭子さんと千茱萸さんと3人でケーキを買ってお祝いしていますし（こちらでは85歳になりましたよ）、命日にもみんなで監督の家で食事をします。毎年大きな窓の外にはみごとな八重桜が咲き、蝶が舞い、千茱萸さんと「あの蝶は監督じゃない？」などと言っています。そんなことはとっくにご存じですよね。いつだってそばにいらっしゃるのですから。

家族で外食するときは恭子さんはかならずミニサイズの監督の遺影をかばんに入れて連れていってます。このあいだレストランまでの車中、夕焼けが燃えるようにきれいで恭子さんは空に向かってこう言いました。

「監督が演出してるみたい」

分かってます。たぶんほんとうに演出されてたんでしょう？

それくらいしかねませんからね、監督は。

「大林監督についてエッセイを書きませんか」という依頼があったとき、うん、書けるかもと思ったのは「森ちゃんはことばの人だ」という監督のひと言が僕の胸のなかにしっかりと根をおろして自信になっていたからです。監督が天国に旅立たれてからも、そういうことばや行動が僕のなかで生きていて僕を導いてくれています。作家として、人として。

だからあなたにならってこの文章にもエンドマークはつけません。

この物語は終わりようがありませんから。

そうですよね、父さん。

謝辞

終わらぬ物語のなかで千茱萸さんが今朝の起きぬけに「また夢に監督が出てきたんだよ」と教えてくれた。こんなことがあるから大林監督がいなくなったという実感がまるでわかない。

夢だけではない。千茱萸さんとは毎日のように監督の話をする。先日もレストランで牡蠣《かき》をいただきながらふと以前監督が、

「こういうときアメリカ人はこう言うんだ。オイスタった」

と言っていたことを思い出して噴き出してしまい、やはり監督がそばにいるようで毎日がにぎやかだ。

そんなふうに監督のことを思い出したり、思い出せないこまかいことを教えてもら

ったりと千茱萸さんには本書を書くにあたっておおいに助けられました。そばでいつも応援してくれてほんとうにありがとう。

「小説宝石」での連載を読んだ恭子さんからは毎号のように「監督のことばを覚えていてくれてありがとう」「涙が出ました」などとうれしいメールをいただき励まされました。なんといっても大林監督をいちばんよく知るのは恭子さんですから。

そんな恭子さんと千茱萸さんが僕の執筆を並走してくださったおかげでこの連載も完走することができました。連載のご許可も快諾くださり、あわせてお礼申し上げます。

そしてもちろん父・大林宣彦監督にこころからの感謝を。この連載を執筆しているあいだ過去の写真を見かえしたり、メモ帳の走り書きなどを読みかえし、大林監督と知りあってからの時間をもう一度「生きなおした」といった時間でした。忘れがたく素敵な時間でした。

数えてみたら大林監督とはじめてお会いしたときから18年ものあいだ、ものすごく近くで「大林宣彦体験」をさせてもらったことになります。たくさんのことを学び、たくさんの刺激をいただきました。作家として、息子として、これからも失敗をおそれず自分の信じる道を歩いて行こうと思いますし、そういう僕にしてくれたのは大林監督です。

※

本作を執筆するにあたりたくさんのかたの協力を得ました。

このような機会に声をかけてくださった「小説宝石」の吉田由香《よしだゆか》さんは、じつは僕が会社員だったころの取引相手で、会社を辞めて絵でやって行きますと宣言した僕をずっと応援してくれていたという長いおつきあいになります。いっしょにお仕事ができて縁とは不思議なものだけど、長らく「文章を書きたい」と思っていたのでその夢もかないました。無事にかたちになってほっとしています。

川名潤《かわなじゅん》さんにはすばらしいブックデザインを、赤川次郎さんと中江有里《なかえゆり》さんにはもったいない推薦文をいただき望外のよろこびです。みなさんのおちからで幸福な書籍になりました。ありがとうございます。

くわえて常盤貴子さん、長塚圭史さん、石田ひかりさんをはじめ、エッセイにご登場くださった大林ファミリーたる俳優、スタッフ、関係者のみなさまにもありがとうを。

そして最後になりますが、大林監督、大林映画のファンならびに本書を手に取ってくださったみなさまにお礼申し上げます。
大林宣彦監督の魅力の何分の一かでも伝わったとしたらこれに勝るよろこびはありません。

2023年1月
森泉岳土

©大林宣彦

初出
「小説宝石」二〇二二年一・二月号～二〇二三年三月号

森泉岳土（もりいずみ・たけひと）

1975年東京都生まれ。マンガ家・イラストレーター。2018年『報いは報い、罰は罰』、2019年『セリー』が文化庁メディア芸術祭マンガ部門審査委員会推薦作品に選定。ほかコミカライズ作品集『村上春樹の「螢」・オーウェルの「一九八四年」』や、『うと そうそう』『アスリープ』『仄世界』など著書多数。大林宣彦監督作品『花筐／HANAGATAMI』メインヴィジュアルや柴崎友香『寝ても覚めても』、井上荒野『僕の女を探しているんだ』などの装画も手がける。

ぼくの大林宣彦《おおばやしのぶひこ》クロニクル

2023年4月30日　初版1刷発行

著　者　森泉岳土《もりいずみたけひと》

発行者　三宅貴久

発行所　株式会社 光文社

〒112-8011　東京都文京区音羽1-16-6

電話　編　集　部　03-5395-8254

　　　書籍販売部　03-5395-8116

　　　業　務　部　03-5395-8125

URL　光　文　社　https://www.kobunsha.com/

組　版　萩原印刷

印刷所　萩原印刷

製本所　ナショナル製本

落丁・乱丁本は業務部へご連絡くだされば、お取り替えいたします。

ISBN978-4-334-95371-3